Hsu Yun

Die Schule des Chan

Angkor Verlag

Die Schule des Chan. Lehren des chinesischen Zen-Meisters Hsu Yun./Hsu Yun. – Frankfurt: Angkor Verlag 2022

Mit Erläuterungen von Charles Luk (Lu Kuanyu, 1898–1978)

Deutsch von Tarô Yamada.

Foto Cover: Zhimai Zhang/Unsplash

www.angkor-verlag.de

Printed in Germany

ISBN: 978-3-943839-73-9
E-Book: 978-3-943839-74-6

Inhalt

Voraussetzungen für die Chan-Ausbildung

(Aus dem *Hsu Yun Ho Shang Fa Hui*)

Das Ziel des Chan-Übens ist es, den Geist für die Wahrnehmung der Selbst-Natur zu verwirklichen – das heißt, die Unreinheiten zu beseitigen, die den Geist beschmutzen, damit das grundlegende Gesicht der Selbst-Natur wirklich wahrgenommen werden kann. Verunreinigungen sind unser falsches Denken und unser Festhalten an Dingen, die als real gelten. Die Selbst-Natur ist die verdienstvolle Eigenschaft der Tathagata-Weisheit, die sowohl bei Buddhas als auch bei Lebewesen dieselbe ist. Wenn man sein falsches Denken und Greifen ablegt, wird man die verdienstvolle Eigenschaft der eigenen Tathagata-Weisheit bezeugen und ein Buddha werden, andernfalls wird man ein Lebewesen bleiben. Denn seit unzähligen Äonen hat uns unsere eigene Verblendung in das Meer von Geburt und Tod getaucht. Da unsere Verunreinigung schon so lange andauert, sind wir nicht in der Lage, uns sofort vom falschen Denken zu befreien, um unsere Selbst-Natur zu erkennen. Deshalb müssen wir uns der Chan-Schulung unterziehen. Die Voraussetzung für diese Schulung ist das Auslöschen des falschen Denkens. Wie man es auslöscht, dazu haben wir schon viele Sprüche von Sakyamuni Buddha gehört, und nichts ist deutlicher als das Wort „Halt“ in seinem Spruch: „Wenn es anhält, ist es Erleuchtung (*bodhi*)“.

Die Chan-Sekte verbreitete sich seit ihrer Einführung durch Bodhidharma nach seiner Ankunft im Osten bis nach dem Tod des Sechsten Patriarchen weit über das ganze Land und erfreute sich eines großen Zuspruchs, der vor und nach dieser Zeit unbekannt war. Das Wichtigste, was Bodhidharma und der Sechste Patriarch lehrten, war jedoch nur dies: „Vertreibe alle gleichzeitigen Ursachen. Lass keinen einzigen Gedanken aufkommen." Alle gleichzeitigen Ursachen zu vertreiben bedeutet, sie niederzulegen. Deshalb sind diese beiden Sätze – Vertreibe alle gleichzeitigen Ursachen. Lass keinen einzigen Gedanken entstehen – die Voraussetzungen für die Chan-Schulung. Wenn diese beiden Sätze nicht in die Praxis umgesetzt werden, wird das Üben nicht nur unwirksam sein, sondern es wird auch unmöglich sein, es zu beginnen, denn wie kann man inmitten von Ursachen, die auftauchen und wieder verschwinden, Gedanke um Gedanke, von Chan-Üben sprechen?

Jetzt wissen wir, dass die Sätze „Vertreibe alle gleichzeitigen Ursachen. Lass keinen einzigen Gedanken entstehen" die Voraussetzungen für die Chan-Schulung sind; wie können wir diese Voraussetzungen erfüllen? Diejenigen mit hoher Spiritualität sind in der Lage, das Aufkommen eines einzigen Gedankens für immer zu stoppen, bis sie den Zustand der Geburtslosigkeit erreichen, und werden dadurch sofort und ohne weiteres die Erleuchtung (*bodhi*) verwirklichen. Diejenigen mit niedrigerer Spiritualität werden das zugrunde liegende Prinzip aus Tatsachen ableiten und verstehen, dass die Selbst-Natur grundlegend rein und sauber ist und dass Leiden (*klesa*, Befleckungen) und Erleuchtung sowie Geburt, Tod und Nirwana alles leere Namen sind, die in keinerlei Verbindung mit der Selbst-Natur stehen; dass Phänomene wie ein Traum, eine Illusion, eine Blase und ein Schatten sind; und dass die vier Grundelemente, aus denen der physische Körper besteht, sowie Berge, Flüsse und die große Erde, die sich innerhalb der Selbst-Natur befinden, wie Blasen im Meer sind. Diese Phänomene steigen und fallen nacheinander, ohne die Essenz der Eigennatur zu beeinträchtigen. Deshalb sollte man nicht der Illusion in ihrem Entstehen, Verweilen, Verändern und Vernichten folgen und Gefühle der Freude, Traurigkeit, Anhaftung und Ablehnung hervorrufen. Man sollte alles ablegen, womit der eigene Körper belastet ist, und so wie ein Toter werden. Das Ergebnis wird sein, dass die Sinnesorgane, die Sinnesdaten und das Bewusstsein verschwinden und dass Konkupiszenz (Begehrlichkeit), Ärger, Dummheit und Liebe [sic!] beseitigt werden. Wenn all unsere Gefühle von Freude und Traurigkeit, von der Kälte des Hungers und der Wärme der Sättigung, von Ehre und Unehre, von Geburt und Tod, von Glück und Elend, von Segen und Unglück, von Lob und Tadel, von Gewinn und Verlust, von Sicherheit und Gefahr, von Behinderung und Hilfe beiseitegelegt werden, ist dies das wahre Niederlegen von allem. Eine Sache niederzulegen bedeutet, alles für immer niederzulegen, und dies wird die Niederlegung aller gleichzeitigen Ursachen genannt. Wenn alle konkurrierenden Ursachen abgelegt sind, wird das falsche Denken mit dem Nichtaufkommen von Unterscheidungen und der Beseitigung aller Anhaftungen verschwinden. Wenn man diesen Zustand des Nichtauftauchens eines einzigen Gedankens erreicht, wird die Helligkeit der Selbst-Natur in vollem Umfang erscheinen. Nur dann können die Voraussetzungen für die Chan-Schulung vollständig erfüllt werden. Weitere Bemühungen um die wahre Schulung und echte Selbstbeobachtung sind erforderlich, wenn man qualifiziert sein will, den Geist für die Wahrnehmung der eigenen Natur zu verwirklichen.

In letzter Zeit kamen oft Chan-Buddhisten, um sich über all dies zu erkundigen. Was den Dharma betrifft, so gibt es so etwas im Grunde nicht, denn sobald er in Worten ausgedrückt wird, ist die Bedeutung nicht mehr wahr. Man muss nur klar erkennen, dass der Geist Buddha ist, und schon gibt es kein Gerede mehr. Das ist selbstverständlich, und alles Gerede über Praxis und Verwirklichung sind die Worte des Dämons. Bodhidharma, der in den Osten kam, um „direkt auf den Geist der Menschen zu zeigen, damit sie die Wahrnehmung der eigenen Natur erreichen, die zur Erlangung der Buddhaschaft führt", wies klar darauf hin, dass alle Lebewesen auf der Erde Buddhas sind. Die uneingeschränkte Erkenntnis dieser reinen Selbst-Natur und vollständige Harmonie mit ihr, ohne Verunreinigung durch Anhaften an irgendetwas und ohne die geringste geistige Differenzierung, beim Gehen, Stehen, Sitzen und Liegen, bei Tag und Nacht, ist nichts anderes als der selbstverständliche Buddha. Sie erfordert keinerlei Anwendung des Geistes oder Einsatz von Anstrengung. Darüber hinaus gibt es keinen Platz für Handlungen oder Taten und keine Verwendung für Worte, Sprache und Gedanken. Aus diesem Grund wird gesagt, dass die Erlangung der Buddhaschaft die freieste und einfachste Sache ist, die nur von einem selbst und nicht von anderen abhängt. Wenn alle Lebewesen auf dieser Erde nicht mehr bereit sind, lange Äonen durch die aufeinanderfolgenden vier Arten der Geburt[1] in den sechs Bereichen der Existenz[2] zu wandern und dauerhaft im Meer des Leidens zu versinken, und wenn sie die Buddhaschaft mit dem damit verbundenen Genuss von wahrer Ewigkeit, wahrer Glückseligkeit, wahrem Selbst und wahrer Reinheit[3] erlangen wollen, sollten sie aufrichtig an die wahren Worte des Buddha und der Patriarchen glauben und alle Anhaftungen ablegen, ohne an Gutes oder Böses zu denken. So werden sie alle sicherlich in der Lage sein, auf der Stelle Buddhas zu werden. Alle Buddhas, Bodhisattvas und Patriarchen vergangener Generationen haben das Gelübde, alle Lebewesen zu befreien, nicht ohne Grund abgelegt; sie haben keine eitlen Gelübde abgelegt und keine absichtlichen Lügen erzählt.

Die oben erwähnte Qualifikation ist der von der Natur vorgesehene Zustand. Außerdem hatten Buddha und die Patriarchen sie immer wieder dargelegt, und ihre diesbezügliche Aufforderung war auch wiederholt worden; es waren wahre Worte, Worte, die der Wirklichkeit entsprachen, die nicht ein Atom von Falschheit und Täuschung enthielten. Alle Lebewesen auf

[1] Geburt aus Eiern, Gebärmutter, Feuchtigkeit und durch Verwandlung.

[2] Welten der Götter (Devas), Menschen, Geister (Asuras), Tiere, hungrigen Geister und Höllen.

[3] Diese vier transzendenten Wahrheiten werden im *Mahaparinirvana Sutra* des Mahayana-Buddhismus erläutert.

dieser Erde sind jedoch seit zahllosen Äonen verblendet und im bitteren Ozean von Geburt und Tod versunken, steigen und fallen in ihren endlosen Wanderungen. Verblendet, verwirrt und verärgert kehren sie der Erleuchtung den Rücken und vereinen sich mit Unreinheiten. Sie sind wie echtes Gold, das in eine Jauchegrube geworfen wird, wo es nicht nur unbrauchbar wird, sondern auch bedauernswert beschmutzt wird. Aufgrund seiner großen Barmherzigkeit war der Buddha gezwungen, 84.000 Dharma-Türen zur Erleuchtung zu errichten, damit Lebewesen mit unterschiedlichen natürlichen Fähigkeiten sie nutzen können, um die 84.000 Leiden zu heilen, die durch ihre gewohnheitsmäßige Begierde, Wut, Dummheit und Liebe verursacht werden. Auf dieselbe Weise wird gelehrt, eine Schaufel, eine Bürste, Wasser und einen Lappen zu benutzen, um das schmutzige Goldstück zu waschen, zu bürsten, zu polieren und zu schrubben. Daher sind die vom Buddha erklärten Dharma-Türen allesamt ausgezeichnete Dharmas, die es einem ermöglichen, Geburt und Tod zu durchschauen und die Buddhaschaft zu erlangen, wobei die einzige Frage die Anpassungsfähigkeit der individuellen Potenziale ist. Diese Dharma-Türen sollten nicht willkürlich in überlegene oder minderwertige unterteilt werden. Die in China eingeführten sind: die Chan-Sekte (Tsung), die Schule der Disziplin (Lu Tsung), die Schule der Lehre (Chiao Tsung), die Schule des Reinen Landes (Chin Tsung) und die Yoga-Schule (Mi Tsung). Von diesen fünf Dharma-Türen muss jeder Mensch diejenige wählen, die seinem natürlichen

Charakter und seiner Neigung entspricht, und er wird sein Ziel sicher erreichen, wenn er nur lange genug an ihr festhält, ohne seinen Geist zu ändern, und sie tief durchdringt.

Unsere Sekte befürwortet die Chan-Schulung. Diese Schulung konzentriert sich auf die „Verwirklichung des Geistes und die Wahrnehmung der Selbst-Natur“, d.h. eine umfassende Untersuchung des eigenen grundlegenden Gesichts. Die Dharma-Tür, die aus dem „klaren Erwachen des Selbst-Geistes und der Wahrnehmung der Selbst-Natur“ besteht. Sie wurde überliefert, seit Buddha eine Blume hochhielt, bis nach Bodhidharmas Ankunft im Osten, wobei die Methode der Praxis häufig geändert wurde. Bis zur Tang- (935) und Sung-Dynastie (1278) erlangten die meisten Anhänger der Chan-Sekte Erleuchtung, nachdem sie ein Wort oder einen Satz gehört hatten. Die Übertragung vom Meister auf den Schüler ging nicht über die Versiegelung des Geistes durch den Geist hinaus, und es gab keinen festen Dharma, der gelehrt wurde. In ihren Fragen und Antworten bestand die Rolle des Meisters nur darin, die Fesseln, die den Schüler banden, je nach den gegebenen Umständen zu lösen, genau wie die Verabreichung einer geeigneten Medizin für jedes einzelne Leiden. In und nach der Sung-Dynastie wurden die menschlichen Fähigkeiten stumpfer, und die Anweisungen der Meister wurden von ihren Schülern nicht ausgeführt. Wenn sie zum Beispiel gelehrt wurden, „alles abzulegen“ und „weder an das Gute noch an das Böse zu denken“, konnten die Praktizierenden nichts ablegen und nicht aufhören, an das Gute oder das Böse zu denken. Unter diesen Umständen waren die Vorfahren und Meister gezwungen, eine „Gift-gegen-Gift"-Methode zu entwickeln, indem sie ihre Anhänger lehrten, in ein *kung-an*[4] oder in ein *huatou*[5] zu schauen. Ihren Schülern wurde sogar beigebracht, ein bedeutungsloses *huatou* so fest wie möglich in ihrem Geist zu halten, ohne ihren Griff auch nur für den kürzest möglichen Moment zu lockern, so wie eine Ratte hartnäckig an einer festen Stelle in das Brett eines Sarges beißt, bis sie ein Loch gemacht hat. Das Ziel dieser Methode war es, mit einem einzigen Gedanken unzähligen Gedanken entgegenzutreten und sie aufzuhalten, weil die Meister keine andere Wahl hatten. Es war wie eine Operation, die zwingend notwendig wurde, wenn Gift in den Körper eingeführt worden war. Es gab viele *kung-an*, die von den Alten erdacht wurden, aber später wurden nur *huatou* gelehrt, wie zum Beispiel: „Wer schleppt diesen Leichnam hierher?"[17] und: „Was ist meine Grundlage?"

In der heutigen Zeit verwenden die Meister das *huatou*: „Wer ist der Wiederholer des Buddha-Namens, bevor ich geboren wurde? Wer ist der Wiederholer von Buddhas Namen?"

---

[4] *kung-an*, oder Koan auf Japanisch: Ein Dossier oder eine Fallakte; eine Sache, öffentliche Gesetze, Vorschriften; Rechtsprechung. Von Chan-Meistern gestellte Probleme, auf die sich die Gedanken konzentrieren, um innere Einheit und Erleuchtung zu erlangen. Die Bedeutung eines *kung-an* ist unwiderruflich und das *kung-an* ist so gültig wie das Gesetz.

[5] *huatou*: vor dem Wort oder vor dem Gedanken, d.h. der Geist, bevor er durch einen Gedanken aufgewühlt wird. Es ist der Geist in seinem ungestörten Zustand. Das Festhalten eines *huatou* im Geist ist das Schauen in den Selbst-Geist bis zu seiner Verwirklichung.

All diese *huatou* haben nur eine Bedeutung, die sehr gewöhnlich ist und nichts Besonderes an sich hat. Wenn man sie untersucht – „Wer rezitiert ein Sutra?“, „Wer hält ein Mantra?“, „Wer verehrt Buddha?“, „Wer nimmt eine Mahlzeit ein?“, „Wer trägt eine Robe?“, „Wer geht auf der Straße?“ oder „Wer schläft?“ –, wird die Antwort auf „Wer?“ immer dieselbe sein: „Es ist der Geist.“ Das Wort entsteht aus dem Geist und der Geist ist die Quelle des Wortes. Der Gedanke entsteht aus dem Geist und der Geist ist die Quelle des Gedankens. Myriaden von Dingen entstehen aus dem Geist, und der Geist ist die Quelle der Myriaden von Dingen. In Wirklichkeit ist ein *huatou* die Quelle eines Gedankens (d.h. ein „Vor“-Gedanke). Die Quelle des Gedankens ist nichts anderes als der Geist. Um es deutlich zu machen: Bevor ein Gedanke entsteht, ist er ein *huatou*. Aus dem oben Gesagten wissen wir, dass der Blick in ein *huatou* ein Blick in den Geist ist. Das grundlegende Gesicht vor der eigenen Geburt ist der Geist. In sein fundamentales Gesicht vor seiner Geburt zu schauen, bedeutet, in seinen Geist zu schauen. Die Selbst-Natur ist der Geist, und „das Gehör nach innen zu wenden, um die Selbst-Natur zu hören“, bedeutet, „die Kontemplation nach innen zu wenden, um den Selbst-Geist zu kontemplieren“.

Der Satz: „Das vollkommene Aufleuchten des reinen Gewahrseins“ bedeutet dies: Das reine Gewahrsein ist der Geist, und aufleuchten bedeutet, hineinzuschauen. Der Geist ist Buddha, und den Namen Buddhas zu wiederholen bedeutet, den Buddha zu kontemplieren. Buddha zu kontemplieren bedeutet, den Geist zu kontemplieren. In einen *huatou* hineinzuschauen oder in denjenigen hineinzuschauen, der den Namen des Buddha wiederholt, bedeutet daher, den Geist oder die reine Essenz des Gewahrseins des Selbst-Geistes oder den Buddha mit Selbst-Natur zu kontemplieren. Der Geist ist Selbst-Natur, ist Gewahrsein und ist Buddha, hat weder Form noch Ort und ist unauffindbar. Er ist von Natur aus unbefleckt und rein, durchdringt das gesamte *Dharmadhatu* (d.h. alle Phänomene), tritt weder ein noch aus, kommt und geht nicht und ist im Grunde der selbstverständliche reine *Dharmakaya*[6]-Buddha.

Ein Praktizierender sollte alle seine sechs Sinnesorgane unter Kontrolle halten und gut auf dieses *huatou* aufpassen, indem er untersucht, wo ein Gedanke normalerweise auftaucht, bis er seine reine Selbst-Natur, frei von allen Gedanken, wahrnimmt. Diese kontinuierliche, genaue, ruhige und gleichmütige Untersuchung wird zu einer stillen und leuchtenden Kontemplation führen, deren Ergebnis die völlige Nichtexistenz der fünf konstituierenden Elemente des Seins (*skandha*)[7] und die Auslöschung von Körper und Geist ist, ohne dass das Geringste zurückbleibt. Danach sollte diese absolute Unveränderlichkeit in jedem Zustand beibehalten werden, beim Gehen, Stehen, Sitzen und Liegen, Tag und Nacht. Im Laufe der Zeit wird diese Errungenschaft zur Vollkommenheit

---

[6] Einer der drei „Körper" Buddhas, der unfassbare Wahrheitskörper, aus dem sich ein leibhaftiger Buddha manifestiert und in den er zurückkehrt; in den Tathagatagarbha-Sutren ist er das wahre Selbst Buddhas, das in allen Lebewesen präsent ist.

[7] Die 5 *skandha*: Form, Gefühl, Wahrnehmung, Gedanken und Bewusstsein.

gebracht, was zur Wahrnehmung der Selbst-Natur und zur Erlangung der Buddhaschaft führt, mit der Beseitigung aller Bedrängnis und allen Leidens.

Der Ahnherr Kao Feng[8] sagte: „Wenn ein Schüler in ein *huatou* mit der gleichen Beständigkeit blickt, mit der eine zerbrochene Fliese, wenn sie in einen tiefen Teich geworfen wird, 10.000 *chang*[9] hinab auf den Grund stürzt, und er nicht innerhalb von sieben Tagen erwacht, kann mir jeder den Kopf abschlagen und ihn mitnehmen." Liebe Freunde, dies sind die Worte eines erfahrenen Meisters, sie sind wahr und entsprechen der Realität, es sind keine trügerischen Worte, um die Menschen in die Irre zu führen.

Warum gibt es in der heutigen Generation nicht einmal ein paar Menschen, die Erleuchtung erlangen, obwohl so viele ein *huatou* in ihrem Geist haben? Das liegt daran, dass ihre Fähigkeiten nicht so ausgeprägt sind wie die der Menschen damals. Es liegt auch daran, dass die Schüler verwirrt sind über die richtige Methode des Übens und des Haltens eines *huatou*. Sie gehen an verschiedene Orte, um Unterweisung zu erhalten, und das Ergebnis ist, dass sie, wenn sie alt werden, immer noch nicht über die Bedeutung eines *huatou* und darüber, wie man es betrachtet, im Bilde sind. Sie verbringen ihr ganzes Leben damit, sich an Worte und Namen zu klammern und ihren Geist auf den Schwanz des *huatou* zu richten.[10] Sie forschen

---

[8] Kao Feng war der Lehrer von Chung Feng, dessen „Sprüche von Chung Feng" (*Chung Feng Kuang Lu*) von Han Shan gelesen wurden, bevor dieser seine Chan-Ausbildung begann.

[9] *chang*: ein Maß von zehn chinesischen Fuß.

[10] Wenn der Satz „Wer wiederholt den Namen des Buddha?" von einem Prakti-

nach Sätzen wie: „Schau in den, der den Namen des Buddha wiederholt", und: „Kümmere dich um das *huatou*", und je mehr sie in diese Sätze hineinschauen und nachforschen, desto mehr entfernen sie sich von dem, wofür diese Sätze stehen. Wie können sie also zum selbstverständlichen *Wu Wei* („Nicht-Tun") der transzendentalen Höchsten Wirklichkeit erweckt werden, und wie können sie den unverrückbaren Königsthron besteigen? Wenn man ihnen Goldpulver in die Augen wirft, werden sie geblendet: Wie können sie dann den großen erleuchtenden Strahl aussenden? Wie schade! Wie schade! Es sind alles gute Söhne und gute Töchter, die auf der Suche nach der Wahrheit ihre Heimat verlassen, und ihre Entschlossenheit ist überdurchschnittlich. Wie schade, wenn sie sich vergeblich abmühen! Aus diesem Grund sagte ein alter Meister: „Es ist besser, tausend Jahre lang unerleuchtet zu bleiben, als einen Tag lang den falschen Weg zu beschreiten."

Die Selbst-Kultivierung, um zur Wahrheit zu erwachen, ist einfach und auch schwierig. Wenn wir zum Beispiel das elektrische Licht einschalten, wird es mit einem Fingerschnippen hell und die Dunkelheit, die unzählige Jahre gedauert hat, verschwindet. Wenn man nicht weiß, wie man das Licht einschaltet, werden die elektrischen Drähte gestört und die Lampe wird beschädigt, was zu einem Anstieg der Leidenschaften und der Unwissenheit führt. Es gibt auch

---

zierenden, der nur seine Bedeutung erfasst, lediglich wiederholt wird, denkt er an den „Schwanz" des *huatou*, anstatt an seinen Kopf oder seine Bedeutung als Vor-Wort. So wendet er seinen Geist fälschlicherweise auf den „Schwanz" statt auf den „Kopf" an.

einige Menschen, die, während sie sich dem Chan-Üben unterziehen und in das *huatou* schauen, von Dämonen umgarnt und wahnsinnig werden, während andere Blut erbrechen und krank werden. Sind die Feuer der Unwissenheit, die in Flammen aufgehen, und die tief verwurzelten Ansichten über sich selbst und andere nicht die offensichtlichen Ursachen für all dies? Deshalb sollten die Praktizierenden ihren Körper mit ihrem Geist in Einklang bringen und ruhig werden, frei von allen Hindernissen und von der Sicht auf sich selbst und andere, um eine vollkommene Übereinstimmung mit ihren verborgenen Potentialen zu erreichen. Im Grunde ist die Methode des Chan-Übens immer die gleiche, aber das Üben ist sowohl für Anfänger als auch für alte Hasen schwierig und leicht.

Worin liegt die Schwierigkeit für einen Anfänger? Obwohl sein Körper und sein Geist reif dafür sind, ist er immer noch verwirrt über die Methode, die er anwenden soll, und da seine Praxis ineffektiv ist, wird er entweder ungeduldig werden oder seine Zeit mit Dösen verbringen, mit dem Ergebnis: „Das Üben eines Anfängers im ersten Jahr, das Üben eines alten Hasen im zweiten Jahr und kein Üben im dritten Jahr".

Wo liegt die Leichtigkeit für einen Anfänger? Es erfordert nur einen gläubigen, ausdauernden und gedankenlosen Geist. Ein gläubiger Geist ist erstens der Glaube, dass dieser unser Geist im Grunde ein Buddha ist und sich nicht von allen Buddhas und allen Lebewesen der drei Zeiten in den zehn Richtungen des Raumes unterscheidet, und zweitens der Glaube, dass alle Dharmas (Lehren), die von Buddha Sakyamuni dargelegt wurden, uns befähigen können, Geburt und Tod zu beenden und die Buddhaschaft zu erlangen. Ein ausdauernder Geist erfordert die Wahl einer Methode, die in diesem Leben, im nächsten und im übernächsten Leben kontinuierlich praktiziert werden soll. Die Chan-Schulung sollte auf diese Weise fortgesetzt werden; die Wiederholung des Buddha-Namens sollte auf diese Weise fortgesetzt werden; das Halten eines Mantras (mystische Beschwörung) sollte auf diese Weise fortgesetzt werden und das Studium der Sutras, das darin besteht, die gehörte (d.h. aus den Schriften gelernte) Lehre in die Praxis umzusetzen, sollte auf diese Weise fortgesetzt werden. Die Praxis jeder Dharma-Tür zur Erleuchtung muss auf *sila* (Regeln, Gebote) basieren, und wenn das Üben auf diese Weise durchgeführt wird, gibt es keinen Grund, warum es nicht erfolgreich sein wird. Der alte Meister Kuei Shan sagte: „Jeder, der diesen Dharma ohne Rückfall in drei aufeinanderfolgenden Leben praktiziert, kann sicher erwarten, die Buddha-Stufe zu erreichen." Der alte Meister Yung Chia sagte: „Sollte ich betrügerische Worte äußern, um die Lebewesen zu hintergehen, werde ich bereit sein, für Äonen, die so zahlreich sind wie Atome, in die Hölle der Zungenräuber zu fallen.

Mit Gedankenlosigkeit ist das Ablegen von allem gemeint, so dass der Praktizierende wie ein toter Mensch wird, der zwar anderen in ihren normalen Aktivitäten folgt, aber nicht die geringste Unterscheidung und Anhaftung hervorruft und als ein gedankenlos wirkender religiöser Mensch lebt.

Nachdem ein Anfänger diese drei Arten des Geistes erworben hat, sollte er, wenn er die Chan-Schulung durchläuft, ein *huatou* betrachten, zum Beispiel: „Wer ist der Wiederholer des Buddha-Namens?“, und still einige Male wiederholen: „Amitibha Buddha“; dann schaue er in denjenigen, der an den Buddha denkt und wo dieser Gedanke auftaucht. Er sollte wissen, dass dieser Gedanke weder aus seinem Mund noch aus seinem Körper entspringt. Wenn er aus seinem Mund oder seinem Körper entspränge, warum können dann nicht sein Körper und sein Mund diesen Gedanken hervorbringen, nachdem er gestorben ist, da sie doch noch existieren? Daher weiß er, dass dieser Gedanke seinem Geist entspringt. Nun sollte er beobachten und ausfindig machen, wo sein Geist diesen Gedanken hervorbringt, und ihn immer wieder betrachten, wie eine Katze, die bereit ist, sich auf eine Maus zu stürzen, mit seiner ausschließlichen Aufmerksamkeit, frei von einem zweiten Gedanken. Allerdings sollten Schärfe und Dumpfheit in gleichen Anteilen vorhanden sein. Die Schärfe darf nicht zu scharf sein, denn sie kann krank machen. Wenn die Übung auf diese Weise in jedem Zustand, beim Gehen, Stehen, Sitzen und Liegen, durchgeführt wird, wird sie mit der Zeit wirksam werden, und wenn die Ursache zur Verwirklichung kommt, wird alles, was sie zufällig berührt oder was mit ihr in Berührung kommt, plötzlich ihr höchstes Erwachen hervorrufen, wie eine reife Melone, die automatisch fällt. Das ist der Moment, in dem der Praktizierende wie jemand ist, der Wasser trinkt und der allein weiß, ob es kalt oder warm ist, bis er frei von allen Selbstzweifeln wird und ein großes Glück erlebt, ähnlich dem, wenn er seinen eigenen Vater an der Kreuzung trifft.

Wo liegen Leichtigkeit und Schwierigkeit für einen alten Hasen? Mit „alter Hase“ ist jemand gemeint, der gelehrte Meister zur Unterweisung aufgesucht hat und sich viele Jahre lang der Ausbildung unterzogen hat, während derer sein Körper und sein Geist reiften und er sich über die Methode im Klaren wurde, die er bequem praktizieren konnte, ohne irgendeine Beeinträchtigung zu erfahren. Die Schwierigkeit für einen Mönch, der ein alter Hase ist, liegt in diesem Gefühl der Bequemlichkeit und Klarheit, in dem er verweilt. So erreicht er durch seinen Aufenthalt in dieser Illusionsstadt nicht den Ort der kostbaren Dinge (d.h. das vollkommene Nirwana). Er ist nur für die Stille geeignet, aber nicht für die Störung, und sein Üben ist daher nicht vollständig wirksam für einen wirklich umfänglichen Nutzen. Im schlimmsten Fall wird der Praktizierende, wenn er mit seiner Umgebung in Berührung kommt, Gefühle von Sympathie und Abneigung, von Akzeptanz und Ablehnung hervorrufen, mit dem Ergebnis, dass sein falsches Denken, sowohl das grobe als auch das feine, so fest bleibt wie zuvor. Sein Üben wird mit dem Einweichen eines Steins in Wasser verglichen und wird unwirksam werden. Mit der Zeit werden sich Müdigkeit und Trägheit in sein Üben einschleichen, das am Ende fruchtlos sein wird. Wenn ein solcher Mönch sich dessen bewusst wird, sollte er sofort das *huatou* wieder aufkommen lassen und seinen Geist erwecken, um einen Schritt vorwärts von der Spitze eines hundert Fuß hohen Pfahls (den er bildlich erreicht hat) zu machen, bis er zur Spitze des höchsten Gipfels gelangt, auf dem er fest stehen wird, oder den Grund des tiefsten Ozeans, wo er in alle Richtungen gehen wird. Er wird seine letzte Verbindung mit dem Unwirklichen ablegen und überall frei umhergehen und von Angesicht zu Angesicht (wörtlich: von Substanz zu Substanz, oder: von Essenz zu Essenz) mit Buddhas und Patriarchen zusammentreffen. Wo liegt die Schwierigkeit? Ist das nicht einfach?

huatou ist Ein-Geist. Dieser Eine Geist von dir und mir ist weder innerhalb noch außerhalb noch zwischen den beiden. Er ist auch innerhalb, außerhalb und zwischen den beiden und ist wie der Raum, der unveränderlich und allumfassend ist. Deshalb sollte das *huatou* nicht nach oben gezogen oder nach unten gedrückt werden. Wenn es hochgezogen wird, verursacht es Unruhe, und wenn es heruntergedrückt wird, verursacht es Dumpfheit und steht somit im Widerspruch zur Geistesnatur (Buddha-Natur, *tathagatagarbha*) und nicht im Einklang mit dem Mittelweg. Jeder hat Angst vor falschem Denken, das er nur schwer kontrollieren kann, aber ich sage euch, liebe Freunde, habt keine Angst vor falschem Denken und macht keine Anstrengungen, es zu kontrollieren. Ihr müsst euch nur dessen bewusst sein, solltet euch aber nicht daran klammern, ihm folgen oder es wegschieben. Es reicht aus, wenn ihr euer Denken einstellt, und es wird euch in Ruhe lassen. Daher das Sprichwort: „Das Aufkommen der Falschheit sollte sofort erkannt werden, und wenn es einmal erkannt ist, wird es aufhören.“

Wenn der Praktizierende jedoch in seinem Üben dieses falsche Denken zu seinem eigenen Vorteil wenden kann, wird er untersuchen, wo es entsteht, und feststellen, dass es keine eigene, unabhängige Natur hat. Sofort wird er die Nichtexistenz eben dieses Denkens erkennen und seine grundlegende geistlose Natur wiedererlangen, woraufhin sich sogleich sein reiner, aus sich selbst bestehender *Dharmakaya*-Buddha manifestiert und auf der Stelle erscheint.

In Wirklichkeit sind das Echte und das Falsche dasselbe; die Lebenden und die Buddhas sind kein Dualismus; Geburt-Tod und Nirwana sowie Erleuchtung (*bodhi*) und Leiden (*klesa*) gehören alle zu unserem Selbst-Geist und unserer Selbst-Natur und sollten nicht unterschieden, sollten weder gemocht noch abgelehnt, weder festgehalten noch zurückgewiesen werden. Dieser Geist ist rein und sauber und ist im Grunde Buddha. Kein einziges Dharma ist erforderlich auf der Suche nach Erleuchtung. Warum so viele Komplikationen? *Tsan!*[11]

---

[11] *tsan* (*can*): nachforschen, untersuchen, nachschauen. Manchmal sagt ein Meister am Ende einer Sitzung dieses Wort, um seine Schüler aufzufordern, die wahre Bedeutung zu erforschen oder darüber nachzudenken.

DIE CHAN-AUSBILDUNG

(aus dem *Hsu Yun Ho Shang Fa Hui*)

Vortrag von Meister Hsu Yun in der Chan-Halle

Liebe Freunde, ihr seid häufig gekommen, um mich um Unterricht zu bitten, und ich schäme mich wirklich für meine Unfähigkeit. Jeden Tag von morgens bis abends seid ihr alle fleißig dabei, Brennholz zu spalten, die Felder zu bestellen, Erde zu bewegen und Ziegelsteine zu tragen. Trotzdem denkt ihr immer noch an eure religiösen Pflichten; diese Ernsthaftigkeit von euch erwärmt in der Tat das Herz der anderen Menschen. Ich, Hsu Yun, schäme mich sehr für meine Unfähigkeit in der Religion und meinen Mangel an Tugend. Ich bin nicht qualifiziert, Unterweisungen zu erteilen, und kann nur cin paar Sätzc aufschnappen, die von den Alten hinterlassen wurden, um eure Fragen zu beantworten.

Ich werde mich zunächst mit den Voraussetzungen für die Erfüllung der religiösen Pflicht befassen.

Fester Glaube ans Gesetz der Kausalität

Wer auch immer man sein mag, aber besonders, wenn man sich bemüht, die religiöse Pflicht zu erfüllen: Man sollte fest an das Gesetz der Kausalität glauben. Wenn man diesen Glauben nicht hat und tut, was man will, wird man nicht nur bei der Erfüllung der religiösen Pflicht versagen, sondern es wird auch kein Entrinnen aus diesem Gesetz der Kausalität geben, selbst nicht auf den drei unglücklichen Höllen-Wegen. Ein alter Meister sagte: „Wenn man die Ursachen kennen will, die in einem früheren Leben entstanden sind, kann man sie darin finden, wie es einem im gegenwärtigen Leben ergeht; wenn man die Wirkungen im nächsten Leben kennen will, kann man sie in seinen Taten im gegenwärtigen Leben finden." Er sagte auch: „Das Karma unserer Taten wird niemals ausgelöscht werden, auch nicht nach Hunderten und Tausenden von Äonen; sobald die Bedingungen reif sind, werden wir die Auswirkungen selbst tragen müssen." Das *Surangama Sutra* sagt: „Wenn der kausale Grund nicht wahrhaftig ist, wird die Reifung der Früchte verzerrt sein." Wenn man eine gute Sache sät, wird man eine gute Frucht ernten, und wenn man eine böse Sache sät, wird man eine böse Frucht ernten; wenn man Melonensamen sät, wird man Melonen sammeln, und wenn man Bohnen sät, wird man Bohnen sammeln. Das ist die reine Wahrheit. Da ich über das Gesetz der Kausalität spreche, werde ich Ihnen zwei Geschichten erzählen, um es zu illustrieren.

Die erste Geschichte handelt von dem Massaker am Sakya-Klan durch den Kristallkönig (Virudhaka). Vor dem Erscheinen des Buddha Sakyamuni gab es in der Nähe der Stadt Kapila ein Dorf, das von Fischern bewohnt war und in dem sich ein großer Teich befand. Wegen einer großen Dürre trocknete der Teich aus; alle Fische wurden gefangen und von den Dorfbewohnern gegessen. Der letzte Fisch, der gefangen wurde, war ein großer, und bevor er getötet wurde, spielte ein Junge, der nie Fisch aß, mit ihm und schlug ihm drei Mal auf den Kopf. Später, nach dem Erscheinen von Sakyamuni Buddha in dieser Welt, heiratete König Prasenajit, der an den Buddha-Dharma glaubte, ein Sakya-Mädchen, das ihm einen Prinzen namens Kristall gebar. Als er jung war, ging Kristall in Kapila zur Schule, das damals vom Sakya-Clan bewohnt wurde. Eines Tages stieg der Junge beim Spielen auf den Sitz des Buddha und wurde von anderen zurechtgewiesen, die ihn hinunterzerrten. Der Junge hegte einen Groll gegen die Männer, und als er König wurde, führte er seine Soldaten an, um Kapila anzugreifen und alle seine Bewohner zu töten. Zur gleichen Zeit litt Buddha an Kopfschmerzen, die drei Tage anhielten. Als seine Schüler ihn baten, die armen Bewohner zu retten, antwortete der Buddha, dass ein festgelegtes Karma nicht geändert werden könne. Durch seine wundersamen Kräfte rettete Maudgalyayana jedoch fünfhundert Männer des Sakya-Klans und glaubte, ihnen in seiner eigenen Schale Zuflucht gewähren zu können, die in der Luft schwebte. Als die Schale herabgelassen wurde, waren alle Männer in Blut verwandelt worden. Auf die Frage seiner Schüler erzählte der Buddha die Geschichte (*kung-an*) von den Dorfbewohnern, die in vergangenen Tagen alle Fische in ihrem Teich getötet hatten; König Kristall war der große Fisch und seine Soldaten die anderen Fische im Teich; die Bewohner von Kapila, die jetzt getötet wurden, waren diejenigen, die die Fische gegessen hatten, und der Buddha selbst war der Junge, der dem großen Fisch drei Mal den Kopf abgeschlagen hatte. Das Karma ließ ihn nun drei Tage lang unter Kopfschmerzen leiden, als Vergeltung für seine frühere Tat. Da es kein Entrinnen aus den Auswirkungen eines festgelegten Karmas gab, teilten die fünfhundert Männer des Sakya-Klans, obwohl sie von Maudgalyayana gerettet wurden, dasselbe Schicksal. Später wurde König Kristall in einer Hölle wiedergeboren. Da die Ursache eine Wirkung erzeugt, die wiederum zu einer neuen Ursache wird, ist die Vergeltung unerschöpflich. Das Gesetz der Kausalität ist wirklich sehr furchtbar.

Die zweite Geschichte ist die des Chan-Meisters Pai Chang, der einen wilden Fuchs befreite. Eines Tages, nach einer Chan-Versammlung, als alle seine Schüler sich zurückgezogen hatten, bemerkte der alte Meister Pai Chang einen älteren Mann, der zurückblieb. Pai Chang fragte den Mann, was er da tue, und er antwortete: „Ich bin kein Mensch, sondern der Geist eines wilden Fuchses. In meinem früheren Leben war ich der Obermönch dieses Ortes. Eines Tages fragte mich ein anderer Mönch: ‚Wird ein Mann, der Selbst-Kultivierung praktiziert, trotzdem in die Theorie der Vergeltung verwickelt?‘ Ich antwortete: ‚Nein, er ist frei von der Theorie der Vergeltung.‘ Allein für diese Antwort wurde ich in die Vergeltung verwickelt, bin nun seit fünfhundert Jahren der Geist eines wilden Fuchses und kann mich immer noch nicht davon lösen. Wird der Meister so barmherzig sein, mich über all dies aufzuklären?“ Pai Chang sagte zu dem alten Mann: „Stell mir die gleiche Frage.“ Daraufhin sagte der Mann zum Meister: „Ich möchte den Meister Folgendes fragen: Wird jemand, der Selbst-Kultivierung praktiziert, trotzdem in die Theorie der Vergeltung verwickelt?“ Pai Chang antwortete: „Er ist nicht blind für Ursache und Wirkung.“ Daraufhin wurde der alte Mann völlig wach; er warf sich vor dem Meister nieder, um ihm zu danken, und sagte: „Ich bin dir für deine rechte Antwort auf die Frage zu Dank verpflichtet und bin nun vom Körper des Fuchses befreit. Ich lebe in einer kleinen Grotte am Berg dahinten und hoffe, dass du mir die üblichen Riten für einen toten Mönch gewähren wirst.“ Am nächsten Tag ging Pai Chang zu dem Berg hinter seinem Kloster, wo er in einer kleinen Grotte den Boden mit seinem Stab erforschte und einen toten Fuchs entdeckte, für den dann die üblichen Begräbnisriten für einen toten Mönch abgehalten wurden.

Liebe Freunde, nachdem ihr diese beiden Geschichten gehört habt, werdet ihr erkennen, dass das Gesetz der Kausalität in der Tat eine furchtbare Sache ist. Selbst nachdem er die Buddhaschaft erlangt hatte, litt der Buddha immer noch unter Kopfschmerzen als Vergeltung für seine frühere Tat. Vergeltung ist unfehlbar und festes Karma ist unausweichlich. Wir sollten also immer auf all dies achten und sehr vorsichtig sein, wenn wir neue Ursachen schaffen.

Strenges Einhalten der Disziplin-Regeln (Gebote)

Wenn man sich bemüht, seine religiöse Pflicht zu erfüllen, muss man als erstes die Regeln der Disziplin einhalten. Denn Disziplin ist die Grundlage des höchsten *bodhi*; Disziplin erzeugt Unveränderlichkeit und Unveränderlichkeit erzeugt Weisheit. Es gibt keine Selbst-Kultivierung ohne die Einhaltung der Regeln der Disziplin. Das *Surangama Sutra*, das vier Arten von Reinheit auflistet, lehrt uns deutlich, dass die Kultivierung des *samadhi* (Versenkungsgeistes) ohne Einhaltung der Regeln der Disziplin den Staub (die Unreinheiten) nicht beseitigen wird. Selbst wenn sich mit *dhyana* (Meditation) viel Wissen manifestiert, wird auch dies einen Fall ins Reich der Maras (bösen Dämonen) und Ketzer verursachen. Daher wissen wir, dass die Einhaltung der Regeln der Disziplin sehr wichtig ist. Ein Mensch, der sie einhält, wird von Drachenkönigen und Devas (Himmelswesen) unterstützt und beschützt und von Maras und Ketzern respektiert und gefürchtet. Ein Mann, der die Regeln der Disziplin bricht, wird von den Geistern als großer Räuber bezeichnet, der sogar seine Fußspuren beseitigt. Früher gab es im Kubhana-Staat (Kaschmir) in der Nähe eines Klosters einen giftigen Drachen, der in der Region häufig sein Unwesen trieb. In dem Kloster versammelten sich fünfhundert Arhats (Heilige), aber es gelang ihnen nicht, den Drachen mit ihrer kollektiven Kraft des *dhyana-samadhi* zu vertreiben. Später kam ein Mönch in das Kloster, der nicht in *dhyana-samadhi* eintrat, sondern lediglich zu dem giftigen Drachen sagte: „Möge der Weise und Tugendhafte diesen Ort verlassen und zu einem weit entfernten Ort gehen!“ Daraufhin floh der giftige Drache an einen weit entfernten Ort. Als er von den Arhats gefragt wurde, welche Wunderkraft er benutzt habe, um den Drachen zu vertreiben, antwortete der Mönch: „Ich habe nicht die Kraft von *dhyana-samadhi* benutzt; ich bin nur sehr vorsichtig bei der Einhaltung der Regeln der Disziplin, und ich befolge eine kleine Regel mit der gleichen Sorgfalt wie eine große.“ Wir sehen also, dass die kollektive Kraft von *dhyana-samadhi* von fünfhundert Arhats nicht mit der strikten Einhaltung der Regeln der Disziplin durch einen Mönch verglichen werden kann.

Wenn du mich erwidernd fragst, weshalb der Sechste Patriarch gesagt hat: „Warum sollte man Disziplin einhalten, wenn der Geist bereits unparteiisch ist? Warum sollten geradlinige Menschen Chan praktizieren?“, dann stelle ich nun dir diese Frage: „Ist dein Geist bereits unparteiisch und geradlinig? Wenn die Dame Chang O[12] mit ihrem nackten Körper vom Mond herunterkäme und dich in ihre Arme schlösse, würde dein Herz ungestört bleiben? Und wenn dich jemand grundlos beleidigt und schlägt, würdest du dann nicht Gefühle des Zorns und des Grolls hervorrufen?

[12] Der Name einer sehr schönen Frau, die einer volkstümlichen Sage zufolge das Lebenselixier stahl und damit auf den Mond floh, wo sie in einen Frosch verwandelt wurde.

Kannst du es unterlassen, zwischen Feindschaft und Zuneigung, zwischen Hass und Liebe, zwischen dem Eigenen und dem Anderen und zwischen Recht und Unrecht zu unterscheiden? Wenn du all das kannst, dann darfst du deinen Mund weit öffnen, um zu reden, ansonsten ist es sinnlos, eine absichtliche Lüge zu erzählen.“

Unverrückbarer Glaube

Ein festgläubiger Geist ist die Grundlage für die Erfüllung der religiösen Pflicht, denn der Glaube ist die Mutter des Beginns der rechten Lehre, und ohne Glaube kann daraus nichts Gutes entstehen. Wenn wir vom Kreislauf der Geburten und Tode befreit werden wollen, müssen wir zuerst einen festgläubigen Geist haben. Der Buddha sagte, dass alle Lebewesen auf der Erde die verdienstvolle Tathagata-Weisheit in sich tragen, die sie nur wegen ihres falschen Denkens und Greifens nicht verwirklichen können. Er erklärte auch alle Arten von Dharma-Türen zur Erleuchtung, um alle Arten von Krankheiten zu heilen, an denen die Lebewesen litten. Wir sollten daher glauben, dass seine Worte nicht falsch sind und dass alle Lebewesen die Buddhaschaft erlangen können. Doch warum haben wir es nicht geschafft, die Buddhaschaft zu erlangen?

Das liegt daran, dass wir uns nicht nach der richtigen Methode weitergebildet haben. Wir glauben und wissen zum Beispiel, dass Bohnenquark mit Sojabohnen hergestellt werden kann, aber wenn wir nicht damit anfangen, können sich Sojabohnen nicht in Bohnenquark verwandeln. Nehmen wir nun an, dass Sojabohnen für die Herstellung von Bohnenquark verwendet werden, so werden wir trotzdem scheitern, wenn wir nicht wissen, wie man sie mit Gips (Calciumsulfat) mischt. Wenn wir die Methode kennen, mahlen wir die Sojabohnen, kochen sie, filtern den Bohnensaft heraus und fügen eine geeignete Menge Gipspulver hinzu; so erhalten wir mit Sicherheit Bohnenquark. Genauso wird bei der Erfüllung unserer religiösen Pflicht die Buddhaschaft unerreichbar sein, nicht nur wegen mangelnder Übung, sondern auch wegen einer nicht der richtigen Methode entsprechenden Übung. Wenn wir unsere Selbst-Kultivierung nach der richtigen Methode praktizieren, ohne Rückschritte zu machen oder zu bereuen, werden wir die Buddhaschaft erlangen.

Deshalb sollten wir fest daran glauben, dass wir im Grunde Buddhas sind, und wir sollten auch fest daran glauben, dass die Selbst-Kultivierung, die nach der korrekten Methode durchgeführt wird, zwangsläufig zur Erlangung der Buddhaschaft führen wird. Meister Yung Chia sagte in seinem „Lied der Erleuchtung“ (*Xinxinming*, jap. *Shinjinmei*):

„Wenn das Wirkliche erreicht ist,
existieren weder Ego noch Dharma,
und in einem Augenblick
  wird das *avici*(Höllen)-Karma ausgelöscht.
Wenn ich wissentlich lüge,
  um Lebewesen zu täuschen,

wird man mir die Zunge herausziehen,
ungezählte Äonen lang,
so zahlreich wie Staub und Sandkörner sind."

Dieser alte Meister war sehr mitfühlend und legte dieses grenzenlose Gelübde ab, um diejenigen, die nach ihm kamen, dazu anzuhalten, einen festen, gläubigen Geist zu entwickeln.

Annahme der Ausbildungsmethode

Nachdem man einen festen Glauben entwickelt hat, sollte man eine Dharma-Tür zur Erleuchtung für sein Üben wählen. Man sollte sie niemals wechseln, und wenn man sich für die Wiederholung des Buddha-Namens, für das Halten eines Mantras oder für die Chan-Schulung entschieden hat, sollte man sich für immer daran halten, ohne rückfällig zu werden und ohne zu bereuen. Wenn sich die Methode heute nicht bewährt, soll sie morgen fortgesetzt werden; wenn sie sich in diesem Jahr nicht bewährt, soll sie im nächsten Jahr fortgesetzt werden; und wenn sie sich in der gesamten Gegenwart nicht bewährt, soll sie im nächsten Leben fortgesetzt werden. Der alte Meister Kuei Shan sagte: „Wenn man es in jeder folgenden Reinkarnation praktiziert, kann man die Buddha-Stufe erwarten." Es gibt Menschen, die in ihren Entscheidungen unentschlossen sind; heute, nachdem sie einen Gelehrten gehört haben, der die Wiederholung des Buddha-Namens lobt, beschließen sie, ihn ein paar Tage lang zu wiederholen, und morgen, nachdem sie einen anderen Gelehrten gehört haben, der das Chan-Üben lobt, werden sie es zwei weitere Tage lang mit Chan versuchen. Wenn sie so weitermachen, werden sie bis zu ihrem Tod kein Ergebnis erzielen. Wäre das nicht schade?

Grundlagen des Chan-Übens

Obwohl es viele Dharma-Türen zur Erleuchtung gibt, waren sich der Buddha, die Patriarchen und die Vorfahren einig, dass die Chan-Schulung die unübertroffene wunderbare Tür ist. In der Versammlung von Surangama befahl der Buddha Manjusri, zwischen den verschiedenen Arten der vollständigen Erleuchtung zu wählen, und er wählte Avalokitesvara Bodhisattvas Methode, die Fähigkeit des Hörens zu benutzen, als die beste. Wenn wir das Gehör umkehren, um unsere Selbst-Natur zu hören, ist dies eine der Methoden der Chan-Schulung. Dieser Ort ist eine Chan-Halle, in der wir diese Chan-Schulung diskutieren sollten.

Unsere täglichen Aktivitäten werden innerhalb der Wahrheit selbst ausgeführt. Ist dies ein Ort, der kein Bodhimandala wäre? Eine Chan-Halle ist im Grunde genommen fehl am Platz; außerdem bedeutet Chan nicht das Sitzen in der Meditation. Die so genannte Chan-Halle und das so genannte Chan-Sitzen sind nur für Menschen vorgesehen, die auf unüberwindliche Hindernisse stoßen und die in dieser Zeit der Dekadenz des Dharma von seichter Weisheit sind.

Wenn man in dieser Übung sitzt, sollte man seinen Körper und seinen Geist gut unter Kontrolle haben. Wenn sie nicht gut kontrolliert sind, wird ein kleiner Schaden Krankheit sein und ein großer Schaden wird die Verstrickung mit dem Dämon sein, was sehr bedauerlich ist. Wenn in der Chan-Halle Räucherstäbchen für das Gehen oder Sitzen verbrannt werden, ist das Ziel, die Kontrolle von Körper und Geist sicherzustellen.

Darüber hinaus gibt es viele Möglichkeiten, Körper und Geist zu kontrollieren, ich werde kurz auf die wichtigsten eingehen.

Wenn man in der Chan-Meditation sitzt, ist die korrekte Haltung die natürliche. Die Taille sollte nicht nach vorne geschoben werden, denn dadurch wird die innere Hitze nach oben gezogen, was nach dem Sitzen zu Tränen, schlechtem Atem, unruhiger Atmung, Appetitlosigkeit und sogar zu Bluterbrechen führen kann. Auch sollte die Taille nicht nach hinten gezogen und der Kopf gesenkt werden, denn das kann leicht Dumpfheit verursachen. Sobald der Meditierende Dumpfheit verspürt, sollte er seine Augen weit öffnen, die Taille hochziehen und sanft das Gesäß schütteln, dann verschwindet die Dumpfheit von selbst.

Wenn man die Übung in großer Eile durchführt, wird man eine gewisse unangenehme Trockenheit in der Brust spüren. In diesem Fall ist es ratsam, das Üben für die Zeit zu unterbrechen, die ein halber Zentimeter des Räucherstäbchens zum Abbrennen braucht, und es erneut aufzunehmen, wenn man sich wieder wohl fühlt. Wenn man nicht auf diese Weise vorgeht, wird man mit der Zeit einen hitzigen und erregbaren Charakter entwickeln, und im schlimmsten Fall kann man dadurch wahnsinnig werden oder sich mit Dämonen verstricken.

Wenn das Chan-Sitzen in der Meditation wirksam wird, wird es geistige Zustände geben, die zu zahlreich sind, um sie aufzuzählen, aber wenn du dich nicht an sie klammerst, werden sie dich nicht behindern. Das ist genau das, was das Sprichwort sagt: „Wundere dich nicht über das Wunderbare, und das Wunderbare wird sich völlig zurückziehen.“ Selbst wenn du böse Geister aller Art siehst, die dich stören, solltest du sie nicht beachten und dich nicht vor ihnen fürchten. Sogar wenn Sakyamuni Buddha kommt und seine Hand auf deinen Kopf legt und dir deine zukünftige Buddhaschaft prophezeit, solltest du das alles nicht beachten und dich nicht darüber freuen. Das *Surangama Sutra* sagt: „Ein vollkommener Zustand ist der, in dem der Geist von den Heiligen ungestört ist; eine Interpretation der Heiligen bedeutet die Verstrickung mit Dämonen.“

Die eventuelle Vision des Buddha ist lediglich eine unreine Schöpfung des verblendeten Geistes und repräsentiert ihn nicht wirklich in seinem *Dharmakaya*, der unvorstellbar ist. Viele Meditierende verwechseln solche Visionen mit dem Realen und verstricken sich in eben jene Dämonen.

Unterscheiden von Gastgeber und Gast

Wie sollte man die Chan-Übung beginnen? In der *Surangama*-Versammlung sprach Arya Ajnatakaundinya über die zwei Worte „Fremder Staub“, und das ist genau der Punkt, an dem wir unser Üben beginnen sollten. Er sagte: „Ein Reisender hält zum Beispiel in einem Gasthaus an, wo er übernachtet oder seine Mahlzeit einnimmt, und sobald er dies getan hat, packt er seine Sachen und setzt seine Reise fort, weil er keine Zeit hat, länger zu bleiben. Der Wirt kann nirgendwo hingehen. Daraus schließe ich, dass derjenige, der nicht bleibt, der Gast ist und derjenige, der bleibt, der Gastgeber ist. Daher ist eine Sache fremd, wenn sie nicht bleibt. Wenn bei klarem Himmel die Sonne aufgeht und das Sonnenlicht durch eine Öffnung ins Haus fällt, sieht man, wie sich der Staub im Lichtstrahl bewegt, während der leere Raum unbewegt bleibt. Daher ist das, was still ist, Leere, und das, was sich bewegt, ist Staub.

Der fremde Staub veranschaulicht das falsche Denken, und die Leere veranschaulicht die eigene Natur, d.h. den ständigen Gastgeber, der dem Gast in dessen Kommen und Gehen nicht folgt. Dies dient zur Veranschaulichung der ewigen unbeweglichen Selbst-Natur, die dem falschen Denken in seinem plötzlichen Aufstieg und Fall nicht folgt. Deshalb heißt es: „Wenn man nicht an alle Dinge denkt, wird man keine Unannehmlichkeiten haben, wenn man von allen Dingen umgeben ist.“ Mit Staub, der sich von selbst bewegt und die Leere, die eindeutig still ist, nicht stört, ist gemeint, dass das falsche Denken von selbst aufsteigt und fällt und die Selbst-Natur, die in ihrem *Bhutatathata*-Zustand (So-Heit, Das-Heit) unveränderlich ist, nicht behindert. Das ist die Bedeutung des Spruches: „Wenn der Geist nicht aufsteigt, sind alle Dinge tadellos."

Die Bedeutung des obigen Wortes „fremd" ist grob und die des „Staubs" ist fein. Anfänger sollten den Unterschied zwischen „Gastgeber" und „Gast" klar verstehen und werden so nicht durch falsches Denken „umhergetrieben". Wenn sie weiter fortschreiten, werden sie sich über Leerheit und Staub im Klaren sein und werden daher keine Unannehmlichkeiten durch falsches Denken erfahren. Es heißt: „Wenn falsches Denken bekannt ist, wird es keinen Schaden geben." Wenn all dies sorgfältig erforscht und verstanden ist, wird mehr als die Hälfte dessen, was die Schulung bedeutet, klar werden.

huatou und der Zweifel

In alten Zeiten wiesen die Patriarchen und Vorfahren direkt auf den Geist hin, um die Selbst-Natur zu verwirklichen und die Buddhaschaft zu erlangen. Wie Bodhidharma, der „den Geist zur Ruhe brachte", und der Sechste Patriarch, der von der „Wahrnehmung der Selbst-Natur" sprach, befürworteten sie alle nur die reine Erkenntnis davon. Sie sprachen sich nicht dafür aus, in ein *huatou* hineinzuschauen, doch später entdeckten sie, dass die Menschen unzuverlässig wurden, keine hartnäckige Entschlossenheit besaßen, sich Tricks hingaben und mit dem Besitz von kostbaren Edelsteinen prahlten, die eigentlich anderen gehörten. Aus diesem Grund sahen sich diese Vorfahren gezwungen, ihre eigenen Sekten zu gründen, jede mit ihren eigenen Hilfsmitteln; daher die *huatou*-Übung.

Es gibt viele *huatou*, wie zum Beispiel: „Alle Dinge sind zu dem Einen zurückführbar, zu was ist dieses Eine zurückführbar?", und „Bevor du geboren wurdest, was war dein wahres Gesicht?"[13]; das *huatou* „Wer wiederholt Buddhas Namen?" ist heute weit verbreitet.

Was ist *huatou*, wörtlich: Wort-Kopf? Wort ist das gesprochene Wort und Kopf ist das, was dem Wort vorausgeht. Wenn man zum Beispiel „Amitabha Buddha" sagt, ist das ein Wort. Bevor es gesagt wird, ist es ein *huatou* (oder Ante-Wort). Das, was *huatou* genannt wird, ist der Moment, bevor ein Gedanke auftaucht. Sobald ein Gedanke auftaucht, wird er zu einem *hua wei* (wörtlich: Wort-Schwanz). Der Moment, bevor ein Gedanke auftaucht, wird das Ungeborene genannt. Die Leere, die weder gestört noch dumpf, weder still noch einseitig ist, wird „das Unendliche" genannt. Das unablässige Wenden des Lichts nach innen auf sich selbst, Augenblick für Augenblick und unter Ausschluss aller anderen Dinge, wird „in das *huatou*

[13] Dieses *huatou* wird im Westen manchmal fälschlicherweise mit „Gesicht" übersetzt:„Wie sah dein ursprüngliches Gesicht aus, bevor deine Eltern geboren wurden? Hier gibt es zwei Fehler. Der erste ist wahrscheinlich auf die falsche Interpretation des chinesischen Zeichens *sheng* zurückzuführen, das „geboren" oder „gebären" bedeutet. Dann ist „ursprünglich" falsch, weil es Schöpfung oder einen Anfang suggeriert. Die Selbst-Natur hat keinen Anfang, da sie außerhalb der Zeit steht. Die korrekte Übersetzung lautet: „Wie sah dein ursprüngliches Gesicht aus, bevor deine Eltern dich zur Welt brachten?"

schauen“ oder „sich um das *huatou* kümmern“ genannt.

Wenn man in ein *huatou* blickt, ist es das Wichtigste, einen Zweifel zu wecken. Der Zweifel ist die unverzichtbare Krücke des *huatou*. Wird man zum Beispiel gefragt: „Wer wiederholt Buddhas Namen?“, weiß jeder, dass er ihn selbst wiederholt – aber tut dies der Mund oder der Geist? Wenn der Mund ihn wiederholt, warum tut er es dann nicht, wenn man schläft? Wenn der Geist ihn wiederholt, wie sieht dann der Geist aus? Da der Geist nicht greifbar ist, ist man sich über ihn nicht im Klaren. Folglich entsteht ein leichtes Gefühl des Zweifels über das WER. Dieser Zweifel sollte nicht grob sein; je feiner er ist, desto besser. Zu jeder Zeit und an jedem Ort sollte allein dieser Zweifel unablässig betrachtet werden, wie ein immer fließender Strom, ohne einen zweiten Gedanken zu verschwenden. Wenn dieser Zweifel fortbesteht, sollte man nicht versuchen, ihn abzuschütteln; wenn er aufhört zu existieren, sollte man ihn sanft wiederaufkommen lassen.

Anfänger werden das *huatou* an einem ruhigen Ort wirksamer finden als inmitten von Unruhe. Man sollte jedoch keinen unterscheidenden Geist entwickeln, sondern gleichgültig gegenüber der Wirksamkeit oder Unwirksamkeit des *huatou* bleiben und weder die Stille noch die Unruhe beachten. So sollte man mit einem einzigen Geist an der Übung arbeiten.

Im *huatou* „Wer wiederholt den Namen des Buddha?“ sollte die Betonung auf dem Wort „Wer“ liegen, während die anderen Wörter nur dazu dienen, eine allgemeine Vorstellung vom ganzen Satz zu vermitteln. So ist es in den Fragen: „Wer trägt dieses Gewand und isst Reis?“, „Wer geht scheißen und pissen?“, „Wer macht der Unwissenheit ein Ende?“ und „Wer ist fähig zu wissen und zu fühlen?“ – sobald man die Betonung auf das Wort „Wer“ legt, während man geht oder steht, sitzt oder liegt, wird man ohne Schwierigkeiten in der Lage sein, einen Zweifel zu hegen, ohne dass man sein Denkvermögen zum Nachdenken und Unterscheiden einsetzen muss. Folglich ist das Wort „Wer“ des *huatou* eine wunderbare Technik im Chan-Üben. Man sollte jedoch das Wort „Wer“ oder den Satz „Wer wiederholt den Namen des Buddha?“ nicht so wiederholen, wie die Anhänger der Schule des Reinen Landes dies mit dem Namen Buddhas tun. Auch sollte man seinen denkenden und unterscheidenden Geist nicht auf die Suche nach demjenigen richten, der den Namen des Buddha wiederholt. Es gibt zwar einige Leute, die unablässig den Satz rezitieren: „Wer wiederholt den Namen des Buddha?“; für sie wäre es jedoch weitaus besser, nur den Namen des Amitabha Buddha zu wiederholen, wie es die Anhänger der Schule des Reinen Landes tun, denn das wird größere Verdienste bringen. Es gibt andere, die sich dem Nachdenken über viele Dinge hingeben und hier und da nach allem Möglichen suchen und dies das Aufkommen eines Zweifels nennen; sie wissen nicht, dass, je mehr sie denken, ihr falsches Denken zunehmen wird, genau wie bei jemandem, der aufsteigen will, aber in Wirklichkeit absteigt. All das solltet ihr verstehen.

Gewöhnlich rufen Anfänger einen Zweifel hervor, der sehr grob ist; er neigt dazu, abrupt aufzuhören und wieder fortzufahren und erscheint einmal vertraut und plötzlich ungewohnt. Dies ist sicherlich kein Zweifel und kann nur ihr Denkprozess sein. Wenn man den verrückten umherschweifenden Geist allmählich unter Kontrolle gebracht hat, wird man in der Lage sein, den Denkprozess zu bremsen, und erst dann kann man ihn „Hineinschauen" nennen. Außerdem wird man nach und nach Erfahrung in der Schulung sammeln, und dann wird es nicht mehr nötig sein, den Zweifel zu erzeugen, da er sich von selbst einstellt. In Wirklichkeit gibt es am Anfang überhaupt kein effektives Üben, da man sich nur bemüht, dem falschen Denken ein Ende zu setzen. Wenn wirkliche Zweifel von selbst aufkommen, kann dies als wahres Üben bezeichnet werden. Dies ist der Moment, in dem man ein „strategisches Tor" erreicht, an dem es leicht ist, den eigenen Weg zu verlassen.

Erstens gibt es den Moment, in dem man völlige Reinheit und grenzenlose Leichtigkeit erfährt; wenn man es versäumt, sich dessen bewusst zu sein und hineinzuschauen, wird man in einen Zustand der Dumpfheit abgleiten. Ist ein erfahrener Lehrer anwesend, wird er sofort klar erkennen, dass sich der Schüler in einem solchen Zustand befindet, und er wird den Meditierenden mit dem üblichen flachen Stock schlagen, wodurch die verwirrende Dumpfheit beseitigt wird; viele werden dadurch zur Wahrheit erweckt.

Zweitens: Wenn der Zustand der Reinheit und Leere erscheint, wenn der Zweifel aufhört zu existieren, ist dies der unbeschreibliche Zustand[14], in dem der Meditierende mit jemandem verglichen wird, der auf einem verdorrten Baum in einer Grotte sitzt, oder mit von Wasser durchtränkten Steinen. Wenn man diesen Zustand erreicht, möge man den Zweifel erwecken, auf den unmittelbar das Gewahrsein und die Kontemplation dieses Zustands folgen sollten. Gewahrsein dieses Zustands ist Freiheit von Illusion; das ist Weisheit. Kontemplation dieses Zustandes löscht Verwirrung aus; das ist Unerschütterlichkeit. Diese Einzigartigkeit des Geistes wird durch und durch still und leuchtend sein, in seiner unerschütterlichen Absolutheit, spirituellen Klarheit und gründlichen Erkenntnis, wie der kontinuierliche Rauch eines einsamen Feuers. Wenn man diese Stufe erreicht hat, sollte man mit einem diamantenen Weisheits-Auge ausgestattet sein und es unterlassen, irgendetwas anderes entstehen zu lassen, denn wenn man das tut, wird man dem eigenen Kopf nur einen weiteren Kopf hinzufügen.

Als einst ein Mönch den Meister Chao Chou fragte: „Was soll man tun, wenn man nichts mit sich führen kann?“, antwortete Chao Chou: „Lege es hin.“ Der Mönch fragte: „Was soll ich hinlegen, wenn ich keine Sache mitbringe?“ Chao Chou antwortete: „Wenn du es nicht ablegen kannst, trage es weg.“ Dies ist genau der oben erwähnte Zustand, der demjenigen von ei-

[14] Sanskrit: *avyakrta* oder *avyakhyata*: nicht erfassbar, weder gut noch schlecht, nicht in moralische Kategorien einzuordnen.

nem Wassertrinker entspricht, der allein weiß, ob es kalt oder warm ist. Dies kann nicht in Worten und Reden ausgedrückt werden, und wer diese Stufe erreicht hat, wird es klar erkennen. Jemandem, der es nicht erreicht hat, wird es nichts nutzen, davon erzählt zu bekommen. Das ist es, was die folgenden Zeilen bedeuten:

„Wenn du einen Fechtmeister triffst, zeige ihm deinen Degen. Gib dein Gedicht nicht einem Mann, der kein Dichter ist.“ (Lin Chi)

Das Gehör nach innen richten

Jemand mag fragen: „Wie kann Avalokitesvara Bodhisattvas ‚Methode, das Gehör nach innen zu wenden, um die Selbst-Natur zu hören‘ als Chan-Schulung angesehen werden?“ Ich habe gerade über das Hineinschauen in das *huatou* gesprochen; es bedeutet, dass man unablässig und zielstrebig das Licht nach innen auf „das, was nicht geboren wird und nicht stirbt“, also das *huatou*, richten sollte. Sein Gehör nach innen zu wenden, um die Selbst-Natur zu hören, bedeutet auch, dass man unablässig und zielstrebig sein Hörvermögen nach innen wenden sollte, um die Selbst-Natur zu hören. Nach innen wenden bedeutet umkehren. Das, was nicht geboren wird und nicht stirbt, ist nichts anderes als die Selbst-Natur. Wenn Hören und Schauen dem Klang und der Form im weltlichen Strom folgen, geht das Hören nicht über den Klang und das Schauen nicht über die Form (Erscheinung) hinaus, mit der offensichtlichen Unterscheidung. Wenn man jedoch gegen den weltlichen Strom geht, wendet sich die Meditation nach innen, um die Selbst-Natur zu kontemplieren. Wenn „Hören“ und „Schauen“ nicht mehr dem Klang und der Erscheinung nachjagen, werden sie grundlegend rein und erleuchtend und unterscheiden sich nicht mehr voneinander. Wir sollten wissen, dass das, was wir „in das *huatou* schauen“ und „das Gehör nach innen wenden, um die Selbst-Natur zu hören“ nennen, nicht durch das Auge zum Schauen oder das Ohr zum Hören bewirkt werden kann. Wenn Auge und Ohr auf diese Weise benutzt werden, wird man dem Klang und der Form nachjagen, mit dem Ergebnis, dass man sich den Dingen (d.h. den Äußerlichkeiten) zuwendet; dies wird Hingabe an den weltlichen Strom genannt. Wenn es eine Einzigartigkeit des Gedankens gibt, der in dem verweilt, „was nicht geboren wird und nicht stirbt“, ohne nach Klang und Form zu streben, dann ist dies „gegen den Strom gehen“; dies wird „in das *huatou* schauen“ oder „das Gehör nach innen wenden, um die Selbst-Natur zu hören“ genannt.

Das Verlassen von Samsara[15]

Bei der Chan-Schulung sollte man ernsthaft den Wunsch hegen, den Bereich von Geburt und Tod zu verlassen, und einen ausdauernden Geist in seinem Streben entwickeln. Wenn der Geist nicht ernsthaft ist, wird es unmöglich sein, den Zweifel aufkommen zu lassen, und das Streben wird unwirksam sein. Das

[15] Reich von Geburt und Tod.

Fehlen eines ausdauernden Geistes wird zu Trägheit führen und das Üben wird nicht kontinuierlich sein. Entwickle einfach einen ausdauernden Geist, und der Zweifel wird von selbst aufkommen. Wenn der Zweifel aufsteigt, wird der Ärger von selbst zu Ende gehen. Wenn der reife Moment kommt, wird er wie fließendes Wasser sein, das einen Kanal bilden wird.

Ich werde nun eine Geschichte erzählen, die ich persönlich miterlebt habe. Im Jahr Keng Tsu (1900), als acht Weltmächte nach dem Boxeraufstand ihre Expeditionsstreitkräfte nach Peking schickten, folgte ich Kaiser Kuang Hsu und Kaiserinwitwe Tzu Hsi, als sie aus der Hauptstadt flohen. Wir mussten uns eilig in Richtung der Provinz Shen Hsi begeben; jeden Tag legten wir mehrere Dutzend Meilen zurück, und mehrere Tage lang hatten wir keinen Reis zu essen. Unterwegs bot uns ein Bauer Süßkartoffelsprossen an. Der Kaiser fand sie schmackhaft und fragte den Mann, was sie seien. Ihr könnt euch vorstellen, dass der Kaiser, der sich gerne aufspielte und einen ehrfurchtgebietenden Ruf hatte, sehr hungrig wurde, als er eine gewisse Strecke laufen musste. Als er Süßkartoffelsprossen aß, gab er all sein Getue und seine ehrfurchtgebietende Haltung auf. Warum ging er zu Fuß, wurde hungrig und legte alles nieder? Weil die Alliierten ihm nach dem Leben trachteten und er nur einen Gedanken hatte, nämlich um sein Leben zu rennen. Später, als der Frieden geschlossen worden war, kehrte er in die Hauptstadt zurück und gab sich erneut mit seinem ehrfurchtgebietenden Ruf zufrieden. Erneut ging er weder auf die Straße noch verspürte er Hunger. Wenn er kein schmackhaftes Essen fand, konnte er es wieder nicht hinunterschlucken. Warum konnte er nun nicht mehr alles ablegen? Weil die alliierten Truppen nicht länger nach seinem Leben trachteten und weil er nicht an eine Flucht dachte. Wenn er nun mit demselben Geist, der zuvor um sein Leben rannte, seine religiöse Pflicht erfüllte, gäbe es dann irgendetwas, das er nicht tun könnte? Sein Versagen war darauf zurückzuführen, dass er keinen langen Atem hatte; sobald günstige Bedingungen dafür herrschten, kamen seine früheren Gewohnheiten wieder zum Vorschein.

Liebe Freunde, der mörderische Dämon der Vergänglichkeit ist ständig auf der Suche nach unserem Leben und wird niemals bereit sein, mit uns Frieden zu schließen. Lasst uns in aller Eile einen lang anhaltenden Geist entwickeln, um Geburt und Tod zu überwinden. Meister Yuan Miao sagte: „Wenn man sich eine Zeitgrenze für den Erfolg in der Chan-Schulung setzt, sollte man sich wie ein Mann verhalten, der auf den Grund einer Grube gefallen ist, die tausend *chang* tief ist. Seine abertausend Gedanken reduzieren sich dann auf eine einzige Idee, wie er aus der Grube entkommen kann. Er behält sie vom Morgen bis zum Abend und vom Abend bis zum nächsten Morgen bei und hat keinen anderen Gedanken. Wenn er auf diese Weise übt und nicht in drei, fünf oder sieben Tagen die Wahrheit erkennt, mache ich mich einer verbalen Sünde schuldig und möge in jene Hölle stürzen, in der die Zungen herausgerissen werden.“ Der alte Meister meinte es ernst mit seiner großen

Barmherzigkeit, und da er befürchtete, dass wir keinen dauerhaften Geist entwickeln würden, legte er dieses große Gelübde ab, um unseren Erfolg zu garantieren.

Schwierigkeit und Leichtigkeit in der Chan-Übung

Es gibt Schwierigkeiten und Leichtigkeiten im Chan-Üben, sowohl für Anfänger als auch für erfahrene Praktizierende.

Schwierigkeit für Anfänger: Der verrückte Geist

Die häufigsten Fehler eines Anfängers liegen in seiner Unfähigkeit, seine Gewohnheiten des falschen Denkens abzulegen; in der selbstverschuldeten Unwissenheit, die durch Stolz und Eifersucht verursacht wird; in den selbstverschuldeten Hindernissen, die durch Begierde, Zorn, Dummheit und Liebe verursacht werden; in Faulheit und Völlerei; und in der Anhaftung an Recht und Unrecht, an Selbst- und Anderssein. Wie kann er mit einem Bauch, der mit all den oben genannten Mängeln gefüllt ist, für die Wahrheit empfänglich sein? Andere sind junge Herren, die nicht in der Lage sind, ihre Gewohnheiten loszuwerden, und die unfähig sind, die geringste Demut zu zeigen und die kleinste Mühe zu ertragen; wie können sie sich in der Erfüllung ihrer religiösen Pflichten üben? Sie denken nie an unseren ursprünglichen Lehrer, Sakyamuni Buddha, und seinen Stand, als er sein Zuhause verließ. Manche Menschen, die ein wenig Literatur kennen, nutzen ihre Kenntnisse, um die Sprüche der Alten zu interpretieren, rühmen sich ihrer unvergleichlichen Fähigkeiten und betrachten sich als Überlegene. Wenn sie schwer krank sind, können sie ihre Leiden nicht mit Geduld ertragen. Wenn sie kurz vor dem Tod stehen, verlieren sie den Kopf und erkennen, dass ihr übliches Wissen nutzlos ist. So kommt ihre Reue zu spät.

Einige nehmen ihre religiösen Pflichten ernst, wissen aber nicht, wo sie mit ihrer Ausbildung beginnen sollen. Andere haben Angst vor falschem Denken und sind nicht in der Lage, es zu beenden. So machen sie sich den ganzen Tag darüber Sorgen und geben ihren karmischen Hindernissen die Schuld daran, wodurch sie in ihrem religiösen Enthusiasmus nachlassen. Manche wollen sich bis zum Tod gegen das falsche Denken wehren, indem sie wütend die Fäuste ballen, um ihren Geist aufrechtzuerhalten, und indem sie ihre Brust herausstrecken und ihre Augen weit öffnen, als ob es wirklich etwas sehr Wichtiges zu tun gäbe. Sie wollen bis zum Ende gegen ihr falsches Denken kämpfen; es wird ihnen nicht nur nicht gelingen, es zu vertreiben, sondern sie werden dabei Blut erbrechen oder wahnsinnig werden. Es gibt Menschen, die Angst haben, in die Leere zu fallen, aber sie wissen nicht, dass sie damit einen „Dämon" hervorbringen. Folglich können sie weder die Leere auslöschen noch das Erwachen erlangen. Es gibt Menschen, die sich auf die Suche nach dem Erwachen begeben und nicht wissen, dass das Streben nach dem Erwachen und der Wunsch nach der Buddhaschaft nichts anderes als eine große Falschheit sind; sie wissen nicht, dass Kies nicht in Reis verwandelt werden kann, und sie werden daher bis zum Jahr des Esels auf ihr Erwachen warten.[16]

Es gibt auch diejenigen, die es schaffen, während der Zeit, in der ein oder zwei Räucherstäbchen brennen, in der Meditation zu sitzen und dadurch etwas Freude zu erfahren, aber das ist nur mit der blinden schwarzen Schildkröte zu vergleichen, die ihren Kopf durch das Loch eines schwimmenden Baumstammes streckte.[17] Es ist nur ein seltener Zufall, aber nicht das Ergebnis wahrer Übung. Außerdem hat sich der Dämon der Freude bereits in ihren Geist eingeschlichen. Es gibt Fälle, in denen der erfreuliche Zustand der Reinheit in der Stille realisierbar ist, aber nicht in der Störung, und aus diesem Grund vermeiden Meditierende unruhige Bedingungen und suchen ruhige Orte auf. Sie erkennen nicht, dass sie bereits zugestimmt haben, Diener des Dämons sowohl der Stille als auch der Störung zu werden.[18]

Es gibt viele Fälle wie den oben beschriebenen. Für Anfänger ist es wirklich schwierig, die richtige Methode des Übens zu erkennen; Gewahrsein ohne Kontemplation führt zu Verwirrung und Instabilität, und

---

[16] Tiere und Vögel wurden von den Alten als Symbole für Mondjahre gewählt, wie Ratte, Büffel, Tiger, Kaninchen, Drache, Schlange, Pferd, Schaf, Affe, Huhn, Hund und Schwein. Da ein Esel nicht zu ihnen gehörte, kann das Jahr des Esels niemals eintreten, d.h. diese Menschen können niemals die Erleuchtung erlangen.

[17] Im *Samyuktagama Sutra* heißt es: „Es gab eine blinde Schildkröte, die unzählige Äonen alt war und einmal in jedem Jahrhundert ihren Kopf ausstreckte. Dann war da ein Baumstamm mit einem Loch darin, der im Meer schwamm und von hohen Wellen, die von stürmischen Winden aufgewühlt wurden, umhergeworfen wurde. Die Schildkröte streckte ihren Kopf durch das Loch.“ Dies zeigt die Seltenheit des Zufalls.

[18] D.h. zwischen Stille und Störung unterscheiden.

Kontemplation ohne Gewahrsein führt zu Versenkung in stehendes Wasser.

Leichtigkeit für Anfänger: Das Ablegen der Last des Denkens und das Entstehen eines einzigen Gedankens

Obwohl das Üben schwierig erscheint, wird es sehr einfach, wenn man seine Methode kennt. Worin liegt die Leichtigkeit für Anfänger? Sie hat nichts Geniales an sich, denn sie liegt im „Ablegen". Was ablegen? Die Last des Leids, das durch Unwissenheit verursacht wird. Wie kann man sie ablegen? Ihr habt vielleicht schon einmal am Bett eines Toten gesessen. Wenn ihr versucht, ihn ein paar Mal zu schelten, wird er sich nicht aufregen. Wenn ihr ihm ein paar Schläge mit dem Stock gebt, wird er nicht zurückschlagen. Früher frönte er der Unwissenheit, aber jetzt kann er das nicht mehr tun. Früher sehnte er sich nach Ansehen und Reichtum, aber jetzt will er das nicht mehr. Früher war er durch Gewohnheiten verunreinigt, aber jetzt ist er frei davon. Jetzt macht er keine Unterschiede mehr und legt alles nieder. Liebe Freunde, bitte seht euch das alles an. Wenn wir unseren letzten Atemzug getan haben, wird unser physischer Körper zu einem Leichnam. Weil wir diesen Körper hegen und pflegen, sind wir nicht in der Lage, alles abzulegen, mit der daraus resultierenden Erschaffung von Selbst und Anderem, von Richtig und Falsch, von Mögen und Nichtmögen, von Akzeptanz und Ablehnung. Wenn wir diesen Körper nur als Leiche betrachten, werden wir ihn nicht wertschätzen und ihn sicherlich nicht als den unseren betrachten. Wenn ja, gibt es etwas, das wir nicht ablegen können?

Wir müssen nur alles ablegen, Tag und Nacht, egal ob wir gehen, stehen, sitzen oder liegen, inmitten von Stille oder Unruhe, und ob wir beschäftigt sind oder nicht; in unserem ganzen Körper, innen und außen, sollte nur ein Zweifel herrschen, ein einheitlicher, harmonisierender und ständiger Zweifel, unvermischt mit irgendeinem anderen Gedanken – mit anderen Worten: ein *huatou.* Es wird mit einem langen, gegen den Himmel gelehnten Schwert verglichen, das wir benutzen werden, um einen Dämon oder einen Buddha niederzuschlagen, sollte einer von beiden erscheinen. So werden wir uns nicht vor falschem Denken fürchten. Wer wird uns dann stören, wer wird zwischen Störung und Stille unterscheiden und wer wird sich an Existenz und Nicht-Existenz klammern? Wenn es Angst vor falschem Denken gibt, wird diese Angst das falsche Denken verstärken. Wenn es ein Bewusstsein der Reinheit gibt, wird diese Reinheit sofort unrein. Wenn es Angst gibt, in die Nichtexistenz zu fallen, wird es sofort einen Fall in die Existenz geben. Wenn es den Wunsch gibt, die Buddhaschaft zu erlangen, wird es sofort einen Fall auf den Weg der Dämonen geben. Aus diesem Grund wird gesagt: Das Tragen von Wasser und das Holen von Feuerholz sind nichts anderes als die wunderbare Wahrheit. Das Hacken von Feldern und die Kultivierung des Bodens sind ausschließlich Chan-Potentiale. Das bedeutet nicht, dass nur das Kreuzen der Beine beim Sitzen in der Meditation als Chan-Übung bei der Erfüllung der religiösen Pflicht angesehen werden kann.

Schwierigkeit für erfahrene Praktizierende: Die Unfähigkeit, einen Schritt vorwärts zu machen, nachdem die Spitze der Hundert-Fuß-Stange erreicht ist

Wo liegen die Schwierigkeiten für einen alten Praktizierenden? Wenn bei seiner Schulung sein Zweifel wirklich real geworden ist, sind sein Gewahrsein und seine Kontemplation immer noch mit dem Bereich von Geburt und Tod verbunden, und der Mangel an Gewahrsein und Kontemplation ist die Ursache für seinen Fall in den Bereich der Nicht-Existenz. Es ist schon schwierig, diese Stufen zu erreichen, aber es gibt viele, die nicht in der Lage sind, über sie hinauszukommen, und die sich damit begnügen, auf der Spitze einer hundert Fuß hohen Stange zu stehen, ohne zu wissen, wie man einen Schritt vorwärts macht. Andere, die, nachdem sie diese Stufen erreicht haben, in der Lage sind, in der Stille eine gewisse Weisheit zu erlangen, die sie befähigt, ein paar von den Alten zurückgelassene *kung-an* zu verstehen, legen den Zweifel ab und denken, sie hätten ein gründliches Erwachen erlangt, sie verfassen Gedichte und *gatha* (Erweckungsverse), zwinkern in Nachahmung alter Meister mit den Augen, heben die Augenbrauen, nennen sich erleuchtet und wissen doch nicht, dass sie Diener eines Dämons sind.

Es gibt auch diejenigen, die die Bedeutung von Bodhidharmas Worten missverstehen: „Beendet die

Bildung aller Ursachen im Außen und das Hecheln eures Herzens im Inneren; dann werdet ihr mit einem Geist wie eine Mauer in der Lage sein, in die Wahrheit einzutreten." Oder die Worte des Sechsten Patriarchen: „Denkt weder an Gut noch an Böse – wie sieht das wahre Gesicht des Ehrwürdigen Hui Ming in diesem Augenblick aus?"

Sie glauben, dass es vorbildlich ist, mit gekreuzten Beinen wie vertrocknete Baumstämme in einer Grotte zu sitzen. Diese Menschen verwechseln eine Illusionsstadt mit einem Ort der Kostbarkeiten und halten ein fremdes Land für ihr Heimatdorf. Die Geschichte von der alten Frau, die die Hütte verbrennt, dient dazu, solch ein Scheit aus totem Holz zu tadeln.[19]

Leichtigkeit für erfahrene Praktizierende: Fortführen der ununterbrochenen Chan-Übung

Worin liegt die Leichtigkeit für alte Praktizierende? Sie liegt nur in der Abwesenheit von Selbstzufriedenheit und in der Fortführung der engen und ununterbrochenen Chan-Übung, wobei die Nähe viel enger, die Kontinuität viel kontinuierlicher und die Subtilität viel subtiler sein sollte. Wenn der reife Moment kommt, wird der Boden des Fasses von selbst abfallen;[20] An-

---

[19] Das Mädchen übermittelte die Antwort des Mönchs der alten Dame, die sagte: „Ich habe jemandem Opfergaben gebracht, der nur beweisen kann, dass er ein weltlicher Mensch ist." Daraufhin schickte sie ihn weg und zündete die Hütte an. Der Mönch erreichte also nur die Spitze einer hundert Fuß hohen Stange, weigerte sich aber, einen Schritt vorwärts zu machen. Da er nur totes Holz war, wurde die alte Dame zornig, schickte ihn weg und zerstörte die Hütte.

[20] D.h. der Boden des Fasses, das mit schwarzem Lack oder Unwissenheit gefüllt ist; wenn er abfällt, wird das Fass vom Lack befreit und Erleuchtung erlangt.

dernfalls wird man erleuchtete Meister herbeirufen müssen, die einem helfen werden, den verbleibenden Nagel oder Pfahl des Hindernisses herauszuziehen.

Meister Han Shans (8. Jh.) Lied lautet:

„Hoch oben auf einem Berggipfel
sieht man nur den grenzenlosen Raum.
Wie man in Meditation sitzt, weiß niemand.
Der einsame Mond leuchtet
  über dem eisigen Teich,
aber im Teich ist kein Mond;[21]
der Mond steht am nachtblauen Himmel.
Dieses Lied wird jetzt gesungen,
doch darin gibt es kein Chan."

Die ersten beiden Zeilen zeigen, dass das, was wirklich ewig ist, einsam ist und zu nichts anderem gehört, und dass es hell über die Welt strahlt, ohne auf irgendein Hindernis zu stoßen. Die folgende dritte Zeile zeigt den wunderbaren Körper von *Bhutatathata* (das „Immer-Wirkliche"), den weltliche Menschen nicht kennen und der nicht gefunden werden kann, selbst von allen Buddhas der drei Zeiten nicht gefun-

---

[21] Der einsame Mond symbolisiert die Erleuchtung, die unabhängig vom Phänomenalen ist und das Absolute darstellt, das keine Einmischung von irgendeiner Seite duldet. Der Teich ist ein Symbol für die Selbst-Natur, die alle weltlichen Dinge meidet und von ihnen losgelöst ist. Die Linie bedeutet das Erreichen der Erleuchtung durch die eigene Natur. Die Selbst-Natur ist grundsätzlich rein und gewinnt nichts, nicht einmal den Mond (das Symbol der Erleuchtung), wenn sie erwacht ist, und verliert nichts, wenn sie unter Verblendung steht. Wenn es einen Mond oder Erleuchtung in ihr gibt, wird sie nicht absolut und rein sein. Die erleuchtete Selbst-Natur kommt und geht nicht, denn sie ist unveränderlich und durchdringt alles.

den werden kann; daher die Worte: weiß niemand. Die nächsten drei Zeilen zeigen die zweckdienliche Erklärung des alten Meisters über diesen Zustand. Die letzten beiden Zeilen geben einen besonderen Hinweis an uns alle, damit wir den Finger nicht mit dem Mond verwechseln,[22] das heißt: Keines dieser Worte ist Chan.[23]

Mein Reden ist wie ein Haufen Dinge und auch wie das, was wir das Zerren von Schlingpflanzen (d.h. etwas Überflüssiges) nennen oder eine störende Unterbrechung, denn wo immer es Worte und Reden gibt, gibt es keine wirkliche Bedeutung. Wenn die alten Meister ihre Schüler empfingen, benutzten sie entweder ihre Stäbe, um sie zu schlagen, oder sie schrien, um sie aufzuwecken, und es gab nicht so viele Komplikationen. Die Gegenwart kann jedoch nicht mit der Vergangenheit verglichen werden, und deshalb ist es unumgänglich, mit dem Finger auf den Mond zu zeigen. Liebe Freunde, bitte untersucht das alles, denn wer zeigt mit dem Finger auf den Mond und wer schaut auf den Mond?

---

[22] Wenn ein Finger auf den Mond zeigt, schauen die Weisen auf den Mond, während die Unwissenden auf den Finger schauen und den Mond, also die Wahrheit, nicht sehen. Dieses Gleichnis verwendete Buddha, als er seine Schüler belehrte.

[23] Hsu Yun interpretiert hier anders als sein Übersetzer und Kommentator Charles Luk (Lu Kuan Yu).

Tägliche Vorlesungen bei zwei Chan-Wochen im Jade-Buddha-Kloster, Shanghai, 1953

(aus dem *Hsu Yun Ho Shang Nien Pu*)

1. Woche

Der erste Tag

Der ehrwürdige Wei Fang, Abt dieses Klosters, ist in der Tat sehr mitfühlend, und auch die Mönchsältesten bemühen sich ernsthaft, den Dharma zu verbreiten. Darüber hinaus sind alle Laien (*upasaka*) hier eifrig beim Studium der Wahrheit. Sie sind gekommen, um während dieser Chan-Woche in Meditation zu sitzen. Alle haben mich gebeten, die Versammlung zu leiten, das ist wirklich ein unübertreffliches Entgegenkommen. In den letzten Jahren war ich jedoch krank und kann daher keine langen Vorträge halten.

Der Verehrte der Welt verbrachte mehr als vierzig Jahre damit, den Dharma exoterisch (nach außen gerichtet) und esoterisch (nach innen gerichtet) zu erläutern, und seine Lehre findet sich in den zwölf Abteilungen des Mahayana-Kanons im Tripitaka. Wenn ich gebeten werde, Vorträge zu halten, kann ich höchstens die Worte aufgreifen, die der Buddha und die Meister bereits gesprochen haben.

Was den Dharma unserer Sekte betrifft, so hielt der Buddha, als er zum letzten Mal zu seinem Sitz aufstieg, eine goldene Blume aus Sandelholz hoch, die ihm vom König der achtzehn Brahmaloka-Himmelssphären (Mahabrahma Devaraja) übergeben worden war, und zeigte sie der Versammlung. Keiner der anwesenden Menschen und Götter verstand die Bedeutung dessen. Nur Mahakasyapa erkannte es mit einem breiten Lächeln an. Daraufhin erklärte der Weltehrwürdige ihm: „Ich habe den Schatz des rechten Dharma-Auges, den wunderbaren Geist des Nirwana und die formlose Wirklichkeit, die ich dir jetzt übermittle." Dies war die Übertragung außerhalb der Lehre, die keinen Gebrauch von Schriften machte. Es war die unübertroffene Dharma-Tür der direkten Verwirklichung.

Diejenigen, die danach kamen, waren darüber verwirrt und nannten es fälschlicherweise Chan (*dhyana* in Sanskrit und Zen auf Japanisch). Wir sollten wissen, dass über zwanzig Arten von Chan im *Mahaprajnaparamita Sutra* aufgezählt werden, aber keine davon die endgültige ist.

Das Chan unserer Sekte setzt keine fortschreitenden Stufen ein und ist daher das unübertroffene. Sein Ziel ist die direkte Verwirklichung, die zur Wahrnehmung der Selbst-Natur und zur Erlangung der Buddhaschaft führt. Daher hat es nichts mit dem Sitzen oder Nicht-Sitzen in Meditation während einer Chan-Woche zu tun. Aufgrund der stumpfen Wurzeln der Lebewesen und ihrer zahlreichen falschen Gedanken haben die alten Meister jedoch Mittel und Wege entwickelt, um sie zu leiten. Seit der Zeit von Mahakasyapa bis heute gab es sechzig bis siebzig Generationen. In der Tang- und Sung-Dynastie (619–1278) verbreitete sich die Chan-Sekte in alle Teile des Landes. Wie sehr sie damals florierte! Heute hat sie den Tiefpunkt ihrer Dekadenz erreicht, und nur Klöster wie Chin Shan, Kao Min und Pao Kuan können sich noch einigermaßen sehen lassen. Deshalb sind Männer mit herausragenden Fähigkeiten nur noch selten zu finden, und selbst das Abhalten der Chan-Wochen hat nur noch einen Namen, aber keinen Geist mehr.

Als der Siebte Vorfahre[24] Hsing Szu vom Ching Yuan Berg den Sechsten Patriarchen fragte: „Was sollte man tun, um nicht in die fortschreitenden Stufen (der allmählichen Erleuchtung) zu fallen?", sagte der Patriarch: „Was hast du in letzter Zeit praktiziert?" Hsing Szu antwortete: „Ich habe nicht einmal die Edlen Wahrheiten geübt."[25] Der Patriarch fragte: „In welche fortschreitenden Stufen bist du dann gefallen?" Hsing Szu antwortete: „Selbst die Edlen Wahrheiten werden nicht praktiziert, wo sind dann die fortschreitenden Stufen?" Der Sechste Patriarch hatte eine hohe Meinung von Hsing Szu.

Aufgrund unserer minderwertigen Wurzeln waren die großen Meister gezwungen, auf Mittel und Wege zurückzugreifen und ihre Anhänger anzuweisen, einen Satz namens *huatou* zu halten und zu untersuchen. Da die Buddhisten der Schule des Reinen Landes, die den Namen Buddhas in ihrer Praxis zu wiederholen pflegten, zahlreich waren, wiesen die großen Meister sie an, den *huatou* zu halten und zu prüfen: „Wer ist

---

[24] Hsing Szu erbte den Dharma vom Sechsten Patriarchen und wurde der Siebte Vorfahr genannt; seine beiden Dharma-Nachkommen, Tung Shan und Tsao Shan, begründeten die Tsao-Tung-Sekte, die eine der fünf Chan-Sekten in China war.

[25] Die vier Edlen Wahrheiten sind: Elend; die Anhäufung von Elend, verursacht durch Leidenschaften; das Erlöschen der Leidenschaften, das möglich ist; und die Lehre vom Pfad, der zum Erlöschen der Leidenschaften führt.

der Wiederholer des Namens von Buddha?“ Heutzutage wird dieses Verfahren in der Chan-Ausbildung im ganzen Land angewandt. Viele sind sich jedoch nicht darüber im Klaren und wiederholen lediglich den Satz ohne Unterbrechung: „Wer ist der Wiederholer des Namens des Buddha?“ So sind sie Wiederholer des *huatou* und keine Erforscher der Bedeutung des *huatou*. Erforschen bedeutet, nachzuforschen. Aus diesem Grund sind die vier chinesischen Schriftzeichen „*chao ku huatou*“ in allen Chan-Hallen an prominenter Stelle zu sehen. „Chao“ bedeutet, das Licht nach innen zu richten, und „ku“ bedeutet, sich zu kümmern. Diese beiden Zeichen zusammen bedeuten „das Licht nach innen auf die eigene Natur richten“. Es geht darum, unseren Geist, der dazu neigt, nach außen zu wandern, nach innen zu wenden, und das wird Untersuchung des *huatou* genannt. „Wer ist der Wiederholer des Buddha-Namens?“ ist ein Satz. Bevor dieser Satz ausgesprochen wird, wird er *huatou* (wörtlich: Kopf des Satzes) genannt. Sobald er geäußert wird, wird er zum Schwanz des Satzes (*hua wei*). Bei unserer Untersuchung des *huatou* sollte dieses Wort „Wer“ untersucht werden: Was ist es, bevor es auftaucht? Ich wiederhole zum Beispiel den Namen des Buddha in dieser Halle. Plötzlich fragt mich jemand: „Wer wiederholt den Namen des Buddha?“ Ich antworte: „Ich bin es.“ Der Fragesteller fragt erneut: „Wenn du der Wiederholer des Buddha-Namens bist, wiederholst du ihn dann mit deinem Mund oder mit deinem Geist? Wenn du ihn mit dem Mund wiederholst, warum wiederholst du ihn dann nicht, wenn du schläfst?

Wenn du ihn mit deinem Geist wiederholst, warum wiederholst du ihn dann nicht nach deinem Tod?“ Diese Frage wird einen Zweifel in unserem Geist aufkommen lassen, und genau hier sollten wir diesem Zweifel nachgehen. Wir sollten uns bemühen zu erfahren, woher dieses „Wer“ kommt und wie es aussieht. Unsere gründliche Untersuchung sollte nach innen gerichtet sein, dies wird auch „die Hinwendung des Gehörs nach innen, um die Selbst-Natur zu hören“ genannt.

Beim Darbringen von Weihrauch und beim Umschreiten der Halle sollte der Nacken den hinteren, weiten Kragen der Robe berühren, die Füße sollten dem vorangehenden Wanderer genau folgen, der Geist sollte in Ruhe sein und man sollte weder nach rechts noch nach links schauen. Mit einem einzigen Geist sollte das *huatou* gut gepflegt werden.

Wenn man in der Meditation sitzt, sollte der Brustkorb nicht nach vorne gedrückt werden. Das *prana* (Lebensenergie) sollte weder nach oben gebracht noch gedrückt, sondern in seinem natürlichen Zustand belassen werden. Die sechs Sinnesorgane sollten jedoch unter Kontrolle und alle Gedanken zum Stillstand gebracht werden. Nur das *huatou* sollte ergriffen werden, und der Griff sollte sich niemals lockern. Das *huatou* sollte nicht grob sein, denn dann wird es nach oben schweben und kann nicht nach unten gebracht werden. Es sollte auch nicht fein sein, denn dann wird es verschwimmen und ins Leere fallen. In beiden Fällen kann kein Ergebnis erzielt werden.

Wenn das *huatou* richtig gepflegt wird, wird das Üben einfacher und alle früheren Gewohnheiten werden automatisch beendet. Einem Anfänger wird es nicht leicht fallen, das *huatou* gut in seinem Geist zu halten, aber er sollte sich darüber keine Sorgen machen. Er sollte weder auf das Erwachen hoffen noch nach Weisheit streben, denn der Zweck dieses Sitzens in der Meditation während der Chan-Woche ist bereits die Erlangung von Erwachen und Weisheit. Wenn er einen Geist entwickelt, der diese Ziele verfolgt, setzt er einen anderen Kopf auf seinen eigenen Kopf.

Jetzt wissen wir, dass wir nur einen Satz hervorbringen sollten, der *huatou* heißt und den wir pflegen sollten. Wenn Gedanken auftauchen, lasst sie auftauchen; wenn wir sie nicht beachten, werden sie verschwinden. Aus diesem Grund heißt es: „Man sollte keine Angst vor aufsteigenden Gedanken haben, sondern nur vor der Verzögerung, sich ihrer bewusst zu werden.“ Wenn Gedanken auftauchen, soll unser Gewahrsein das *huatou* auf sie festnageln. Wenn sich das *huatou* unserem Griff entzieht, sollten wir es sofort wieder zurückholen.

Das erste Sitzen in der Meditation kann mit einem Kampf gegen aufsteigende Gedanken verglichen werden. Allmählich wird das *huatou* gut ergriffen und es wird leicht sein, es ununterbrochen während der ganzen Zeit zu halten, die ein Räucherstäbchen zum Brennen braucht. Wir können gute Ergebnisse erwarten, wenn es sich nicht mehr aus unserem Griff löst.

Dies sind nur leere Worte; lassen Sie uns nun unsere Anstrengungen ins Üben einbringen.

Der zweite Tag

Das Sitzen in der Meditation während einer Chan-Woche ist die beste Methode, eine zeitliche Grenze fürs Verwirklichen der Wahrheit durch persönliche Erfahrung festzulegen. Diese Methode wurde in der Antike nicht benutzt, da die alten Menschen scharfe Wurzeln hatten und sie nicht benötigten. Seit der Sung-Dynastie (die 1278 unterging) wurde sie allmählich wieder verwendet. In der Ching-Dynastie (1662–1910) kam sie in Mode, und der Kaiser Yung Cheng hielt häufig Chan-Wochen im kaiserlichen Palast ab. Er schätzte die Sekte sehr, und sein eigenes Erlangen von Chan-*samadhi* war ausgezeichnet. Mehr als zehn Personen erkannten die Wahrheit unter der kaiserlichen Schirmherrschaft, und Meister Tien Hui Che aus dem Kao Min-Kloster in Yang Chou erlangte während dieser Treffen im Palast Erleuchtung. Der Kaiser überarbeitete und verbesserte auch die Regeln und Vorschriften der Sekte, die neu erblühte und so viele fähige Männer hervorbrachte, dass sie eingehalten wurden. Die strikte Einhaltung von Regeln und Vorschriften ist also von größter Bedeutung.

Diese Methode, eine Frist für die persönliche Erfahrung der Wahrheit zu setzen, ist mit einer Gelehrtenprüfung vergleichbar. Die Kandidaten stellen sich der Prüfung und schreiben ihre Aufsätze zu den Themen, für die jeweils ein Zeitlimit festgelegt ist. Das Thema unserer Chan-Woche ist die Chan-Meditation. Aus diesem Grund wird diese Halle auch Chan-Halle genannt. Chan heißt auf Sanskrit *dhyana* und bedeutet

„gelassene Gedankenabwesenheit“[26]. Es gibt verschiedene Arten von Chan, wie das Mahayana- und das Hinayana-Chan, das materielle und das immaterielle Chan, das Chan der *sravaka* (Hörer) und das der Ketzer. Unseres ist das unübertroffene Chan. Wenn es einem gelingt, den gestern erwähnten Zweifel zu durchschauen und auf der Lebenswurzel zu sitzen und sie zu knacken[27], wird man dem Tathagata (Buddha) ähnlich sein.

Aus diesem Grund wird eine Chan-Halle auch als Wahlort Buddhas bezeichnet. Sie wird *prajna*-Halle genannt. Der in dieser Halle gelehrte Dharma ist der *wu-wei*[28]-Dharma. *Wu wei* bedeutet „nicht tun“. Mit anderen Worten, es kann nichts nur gewonnen und nichts nur getan werden. Wenn es ein Tun (*samskrta*)[29] gibt, wird es zu Geburt und Tod führen. Wenn es Gewinn gibt, wird es Verlust geben. Aus diesem Grund sagt das Sutra: „Es gibt nur Worte und Ausdrücke, die keine wirkliche Bedeutung haben.“ Das Rezitieren von Sutren und das Abhalten von Beichtgottesdiensten gehört zum Tun (*samskrta*) und ist nur ein Mittel, das in der Lehranstalt eingesetzt wird.

---

[26] „unperturbed abstraction“.

[27] Lebenswurzel. Eine Wurzel oder Grundlage für das Leben oder die Reinkarnation, der Nexus des Hinayana zwischen zwei Lebensperioden, der vom Mahayana als nominell, aber nicht real akzeptiert wird. Die chinesische Redewendung „darauf sitzen und knacken“ entspricht dem westlichen Begriff „aufbrechen“.

[28] *wu wei, asamskrta* in Sanskrit, alles, was nicht der Ursache, Bedingung oder Abhängigkeit unterliegt; außerhalb der Zeit, ewig, inaktiv, supramundan.

[29] *yu wei, samskrta* in Sanskrit, aktiv, schöpferisch, produktiv, ursächlich, phänomenal, der Prozess, der sich aus den Gesetzen des Karmas ergibt.

Was unsere Sekte betrifft, so besteht ihre Lehre in der direkten Selbst-Erkenntnis, für die Worte und Ausdrücke keinen Platz haben. Einst suchte ein Schüler den alten Meister Nan Chuan auf und fragte ihn: „Was ist Tao?“ Nan Chuan antwortete: „Der gewöhnliche (nicht-diskriminierende) Geist ist die Wahrheit.“ Jeden Tag tragen wir Gewänder und essen Reis, wir gehen zur Arbeit und kehren zurück, um uns auszuruhen; alle unsere Handlungen werden gemäß der Wahrheit ausgeführt. Nur weil wir uns in jeder Situation selbst binden, erkennen wir nicht, dass der eigene Geist Buddha ist.

Als der Chan-Meister Fa Chang vom Berg Ta Mei zum ersten Mal Ma Tsu aufsuchte, fragte er ihn: „Was ist Buddha?“ Ma Tsu antwortete: „Der Geist ist Buddha.“ Daraufhin wurde Ta Mei (Zen-Meister nahmen oft den Namen von Bergen an) vollständig erleuchtet. Er verließ Ma Tsu und begab sich in den Bezirk Szu Ming, wo er in einer Einsiedelei lebte, die früher Mei Tsu Chen gehörte. Während der Herrschaft von Chen Yuan (785–804) in der Tang-Dynastie verirrte sich ein Mönch dorthin, der ein Schüler von Yen Kuan war und auf den Berg ging, um Zweige für die Herstellung von Stäben zu sammeln. Als er auf dessen Hütte stieß, fragte er Ta Mei: „Wie lange bist du schon hier?“ Ta Mei antwortete: „Ich sehe nur vier Berge, die blau und gelb sind.“ Der Mönch sagte: „Bitte zeige mir den Bergpfad, damit ich von hier wegkommen kann.“ Ta Mei antwortete: „Folge dem Bach.“

Nach seiner Rückkehr berichtete der Mönch Yen Kuan, was er in den Bergen gesehen hatte, und dieser sagte: „Ich habe einmal einen Mönch in der Provinz Chiang Hsi gesehen, aber seitdem habe ich nichts mehr von ihm gehört. Ist es nicht dieser Mönch?“ Dann schickte Yen Kuan den Mönch auf den Berg, um Ta Mei einzuladen, zu ihm zu kommen. Als Antwort sandte Ta Mei das folgende Gedicht.

„Ein verdorrter Baumstamm im kalten Wald
ändert sein Herz viele Frühlinge nicht.
Der Holzfäller wird ihn nicht ansehen.
Wie kann ein Fremder ihm nachjagen?
Der Lotusteich birgt
einen grenzenlosen Vorrat an Kleidung.

Von den Kiefern fallen mehr Tannenzapfen,
als man essen kann.
Wenn Weltlinge entdecken, wo du lebst,
ziehst du mit deiner strohgedeckten Hütte
tiefer in die Berge.“

Ma Tsu hörte von Ta Meis Aufenthalt auf dem Berg und schickte einen Mönch aus, um ihm folgende Frage zu stellen: „Was hast du erhalten, als du den großen Meister Ma Tsu angerufen hast, und was hat dich veranlasst, hier zu bleiben?“ Ta Mei antwortete: „Der große Meister sagte mir, dass der Geist Buddha sei, deshalb bin ich hierher gekommen, um zu bleiben.“ Der Mönch sagte: „Die Lehre des großen Meisters ist jetzt anders.“ Ta Mei fragte: „Wie lautet sie jetzt?“ Der Mönch antwortete: „Er sagt, es ist weder Geist noch

Buddha.“[30] Ta Mei erwiderte: „Dieser alte Mann stiftet Verwirrung in den Köpfen der anderen, all das wird kein Ende haben. Lass ihn sagen, dass es weder Geist noch Buddha ist. Was mich betrifft, ist der Geist Buddha.“

Als der Mönch zurückkehrte und Ma Tsu von dem obigen Dialog berichtete, sagte dieser: „Die Pflaume ist jetzt reif.“

Das zeigt, wie kompetent und präzise die Alten waren. Aufgrund unserer minderwertigen Wurzeln und unseres pervertierten Denkens lehrten uns die Meister, ein *huatou* in unserem Geist zu halten, sie waren gezwungen, dieses Mittel anzuwenden. Meister Yung Chia sagte: „Nach der Eliminierung des Egos und des Dharmas wird das Erlangen der Wirklichkeit die *avici*-Hölle in einem Augenblick (*ksana*) zerstören. Sollte ich eine Lüge erzählen, um Lebewesen zu täuschen, werde ich zustimmen, in die Hölle zu fallen, wo man mir die Zunge herausreißt.“[31] Meister Yuan Miao sagte: „Chan-Üben ist so, als würde man einen Ziegel in einen tiefen Teich werfen, der auf den Grund sinkt.“ Wenn wir ein *huatou* halten, müssen wir in es hineinschauen, bis wir seinen „Grund“ erreichen und es „knacken“. Auch Meister Yuan Miao schwor: „Wenn jemand, der ein *huatou* hält, ohne einen zweiten Gedanken daran zu verschwenden, die Wahrheit nicht

---

[30] Weil seine Jünger an seinem Spruch festhielten: „Der Geist ist Buddha“, sagte Ma Tsu zu ihnen: „Es ist weder Geist noch Buddha“, so dass sie aufhörten, sich an etwas zu klammern, was die Ursache für ihre Verblendung war.

[31] Zitat aus dem „Lied der Erleuchtung“ (*Xinxinming*) von Yung Chia. *Avici* ist die letzte und tiefste der acht heißen Höllen, in der Sünder leiden, sterben und sofort wiedergeboren werden, um ununterbrochen zu leiden. *ksana* ist das kürzeste Maß der Zeit, während *kalpa* das längste ist.

erkennt, werde ich bereit sein, in die Hölle zu fallen, wo die Zunge herausgezogen wird.“ Der einzige Grund, warum wir in unserer Praxis nicht erfolgreich sind, ist, dass unser Glaube an das *huatou* nicht tief genug ist und dass wir unser falsches Denken nicht abstellen. Wenn wir fest entschlossen sind, dem Kreislauf von Geburt und Tod zu entkommen, wird ein Satz des *huatou* niemals aus unserem Griff entkommen. Meister Kuei Shan sagte: „Wenn wir in jeder Reinkarnation daran festhalten können, ohne zurückzufallen, kann das Buddha-Stadium erwartet werden.“

Alle Anfänger neigen dazu, alle Arten von falschen Gedanken aufkommen zu lassen; sie haben Schmerzen in den Beinen und wissen nicht, wie sie das Üben absolvieren sollen. Die Wahrheit ist, dass sie fest entschlossen sein sollten, dem Kreislauf der Geburten und Tode zu entkommen. Sie sollten sich an das *huatou* halten, und egal, ob sie gehen, stehen, sitzen oder liegen, sie sollten es festhalten. Von morgens bis abends sollten sie in dieses Wort „Wer“ schauen, bis es so klar wird wie „der Herbstmond, der sich in einem klaren Teich spiegelt“. Es sollte klar und genau erforscht werden und sollte weder verschwommen noch unbeständig sein. Wenn dies erreicht werden kann, warum sollte man sich dann Sorgen über das Buddha-Stadium machen, das unerreichbar scheint?

Wenn das *huatou* verschwimmt, kannst du deine Augen weit öffnen und deinen Brustkorb sanft anheben; das wird deine Stimmung verbessern. Gleichzeitig sollte es nicht zu locker gehalten werden, und es sollte auch nicht zu fein sein, denn wenn es zu fein ist, wird es einen Fall in die Leere und Dumpfheit verursachen. Wenn du in die Leere fällst, wirst du nur Stille wahrnehmen und Lebendigkeit erfahren. In diesem Moment darf das *huatou* nicht aus deinem Griff entweichen, damit du einen Schritt nach vorne machen kannst, nachdem du „die Spitze des Pfahls“ erreicht hast.[32] Andernfalls fällst du in dumpfe Leere und wirst niemals das Höchste erlangen.

Wenn man es nicht fest im Griff hat, wird man leicht von falschen Gedanken heimgesucht. Wenn falsche Gedanken auftauchen, werden sie schwer zu unterdrücken sein.

Daher sollte das Grobe mit dem Feinen und das Feine mit dem Groben gemildert werden, um in der Ausbildung erfolgreich zu sein und die Gleichheit des Veränderlichen und Unveränderlichen zu erkennen.

Früher war ich in Chin Shin und anderen Klöstern Als der *Karmadana* (Vorsteher der Meditationshalle) die Räucherstäbchen erhielt, die er zuvor bestellt hatte, liefen seine beiden Füße mit großer Geschwindigkeit, als ob er in der Luft flöge, und die Mönche, die ihm folgten, waren ebenfalls gute Läufer.[33] Sobald das Signal gegeben wurde, sahen sie alle wie Automaten

---

[32] Der Moment, in dem man nur noch Stille wahrnimmt und Lebendigkeit erfährt, wird im Chan-Sprachgebrauch „das Erreichen der Spitze eines hundert Fuß hohen Pfahls“ genannt. Alle Meister rieten ihren Schülern, nicht in diesem Zustand zu verweilen, der nicht real war. Meister Han Shan komponierte „Das Lied des Bretterträgers“, um seine Anhänger vor dem „stillen Eintauchen in stehendes Wasser“ zu warnen. Dieser Zustand wird „Leben“ genannt und ist das vierte der vier Zeichen (*laksana*), die im Diamant-Sutra erwähnt werden.

[33] Nach der Meditation marschierten die Mönche schnell im Gänsemarsch (jap. *kinhin*), um ihre Beine zu entspannen, allen voran der *Karmadana* (jap. *sodo*), gefolgt vom Abt.

aus. Wie könnten also falsche Gedanken in ihren Köpfen entstehen? Obwohl auch wir nach dem Sitzen in der Meditation das Gehen üben – was für ein großer Unterschied besteht zwischen damals und heute!

Wenn du in der Meditation sitzt, solltest du das *huatou* nicht nach oben drücken, denn das führt zu seiner Verdunkelung. Du solltest es nicht in deiner Brust halten, denn das verursacht Schmerzen in der Brust. Du solltest es auch nicht nach unten drücken, denn das dehnt den Bauch aus und führt dazu, dass du in den Bereich der fünf Aggregate (*skandha*) fällst, was zu allen Arten von Fehlern führt.[34] Mit Gelassenheit und Selbstbeherrschung sollte nur das Wort „Wer" mit der gleichen Sorgfalt betrachtet werden, mit der eine Henne auf ihrem Ei sitzt und eine Katze sich auf eine Maus stürzt. Wenn das *huatou* wirksam gehalten wird, wird die Lebenswurzel automatisch abgeschnitten.

Diese Methode ist für Anfänger natürlich nicht einfach, aber ihr müsst euch unablässig anstrengen. Jetzt gebe ich euch ein Beispiel.

Die Selbst-Kultivierung ist vergleichbar mit dem Feuermachen mittels eines Feuersteins. Wir müssen die Methode kennen, ein Feuer zu machen, denn wenn wir sie nicht kennen, werden wir nie ein Feuer zustande bringen, selbst wenn wir den Feuerstein in

---

[34] Ein Meditierender kann alle Arten von Visionen haben, bevor er die Erleuchtung erlangt, und diese Visionen gehören zum Bereich der fünf *skandha*, d.h. sind Schöpfungen seines Geistes. Sein Meister würde ihn anweisen, gleichgültig zu bleiben, diese Visionen weder „anzunehmen" noch „abzulehnen", die verschwinden werden, bevor der Meditierende weitere Fortschritte in die richtige Richtung macht.

Stücke brechen. Die Methode besteht darin, ein Stück Zunder und einen Stahl zu verwenden. Der Zunder wird unter den Feuerstein gehalten und der Stahl schlägt auf den oberen Teil des Feuersteins, um den Funken auf den Zunder zu lenken, der ihn auffängt. Dies ist die Methode, ein Feuer mit einem Feuerstein zu entfachen.

Obwohl wir sehr wohl wissen, dass der Geist Buddha ist, sind wir immer noch nicht in der Lage, dies als Tatsache zu akzeptieren. Aus diesem Grund wurde ein Satz aus dem *huatou* als Feuerstahl verwendet. Genauso war es früher, als der Weltverehrte, nachdem er nachts die Sterne betrachtet hatte, vollkommen erleuchtet wurde. Wir sind uns über unsere Selbst-Natur nicht im Klaren, weil wir nicht wissen, wie man ein Feuer entfacht. Unsere grundlegende Selbst-Natur und der Buddha unterscheiden sich nicht voneinander. Nur wegen unseres pervertierten Denkens sind wir noch nicht befreit. Der Buddha ist also immer noch Buddha und wir sind immer noch wir selbst. Nun, da wir die Methode kennen, wäre sie, wenn wir sie erforschen könnten, in der Tat eine unübertreffliche Ursache! Ich hoffe, dass jeder hier, indem er sich anstrengt, einen Schritt von der Spitze eines hundert Fuß hohen Pfahls nach vorne macht und in dieser Halle zum Buddha erwählt wird, damit er die Dankesschuld, die er dem Buddha hoch oben schuldet, begleichen und die Lebewesen hier unten befreien kann. Wenn der Buddha-Dharma keine fähigen Menschen hervorbringt, liegt das daran, dass niemand bereit ist, sich anzustrengen. Unser Herz ist voller Traurigkeit, wenn wir über diese Situation sprechen. Wenn wir wirklich tiefes Vertrauen in die Worte haben, die die Meister Yung Chia und Yuan Miao unter Eid gesprochen haben, sind wir sicher, dass auch wir die Wahrheit erkennen werden. Jetzt ist es an der Zeit, dass ihr euch anstrengt!

Der dritte Tag

Die Zeit vergeht in der Tat schnell; wir haben diese Chan-Woche gerade erst eröffnet und es ist bereits der dritte Tag. Diejenigen, die das *huatou* in ihrem Geist wirksam gehalten haben, konnten ihre Leidenschaften und falschen Gedanken bereinigen; sie können jetzt direkt nach Hause gehen.[35] Aus diesem Grund sagte ein alter Meister: „Für die Selbst-Kultivierung gibt es keine andere Methode; sie erfordert nur das Wissen um den Weg. Wenn der Weg erst bekannt ist, werden Geburt und Tod mit einem Mal enden."

Unser Weg besteht darin, unser Gepäck abzulegen, und unsere Heimat ist sehr nahe. Der Sechste Patriarch sagte: „Wenn der vorangehende Gedanke nicht auftaucht, ist es der Geist. Wenn der folgende Gedanke nicht endet, ist er Buddha."

Im Grunde genommen sind unsere vier Elemente nichtig und die fünf Aggregate (*skandha*) sind nicht existent. Nur wegen unserer falschen Gedanken, die alles festhalten, mögen wir die Illusion der unbeständigen Welt und werden dadurch in Knechtschaft ge-

[35] „Geradewegs nach Hause gehen": eine Chan Redewendung, die die Rückkehr zur Selbst-Natur bedeutet, d.h. die Verwirklichung des Realen. Das „Zuhause" ist unser Buddha mit eigener Natur.

halten. Folglich sind wir nicht in der Lage, die Nichtigkeit der vier Elemente wahrzunehmen und die Nichtexistenz von Geburt und Tod zu erkennen. Wenn wir jedoch mit einem einzigen Gedanken eine Erfahrung dessen machen können, was nicht geboren wird, besteht kein Bedarf an diesen Dharma-Türen, die von Sakyamuni Buddha erklärt wurden. Kann man dann immer noch sagen, dass Geburt und Tod nicht beendet werden können? Aus diesem Grund erhellt der Glanz des Dharmas unserer Sekte wirklich den grenzenlosen Raum in den zehn Richtungen.

Meister Teh Shan stammte aus der Stadt Chien Chou in Szu Chuan. Sein bürgerlicher Nachname war Chou. Er verließ seine Heimat im Alter von zwanzig Jahren. Nachdem er voll ordiniert war, studierte er das *Vinaya-Pitaka*[36], das er meisterhaft beherrschte. Er war sehr versiert in der Lehre des Noumenalen (Nicht-Rationalen) und Phänomenalen, wie sie in den Sutras dargelegt wird. Er pflegte das Diamant-*prajna* zu lehren und wurde „Diamant-Chou“ genannt.

Er sagte zu seinen Mitschülern:

> „Wenn ein Haar den Ozean verschluckt[37]
> verliert der Natur-Ozean[38] nichts.

---

[36] Vinaya-Pitaka. Eine der drei Abteilungen des Kanons oder Tripitaka. Er legt den Schwerpunkt auf die Disziplin. Die anderen beiden Abteilungen sind: Sutras (Predigten) und Sastras (Abhandlungen).

[37] Die beiden Formen des Karmas, die aus der Vergangenheit resultieren, sind: (1) die daraus resultierende Person, symbolisiert durch ein Haar, und (2) die abhängige Bedingung oder Umgebung, z.B. Land, Familie, Besitz, usw., symbolisiert durch den Ozean. Da diese beiden Formen nur illusorisch sind, durchdringen sie sich gegenseitig, ohne die Selbst-Natur oder den Natur-Ozean zu verändern, der jenseits von Zeit und Raum ist.

Eine Nadelspitze mit Senfkörnern zu treffen,
erschüttert nicht die Nadelspitze.[39]
Von *saiksa* und *asaiksa*[40]
weiß ich und ich allein."

Als er hörte, dass die Chan-Sekte im Süden blühte, konnte er sich nicht beherrschen und sagte: „Alle, die ihre Heimat verlassen, brauchen tausend Äonen, um das respektvolle Verhalten Buddhas zu lernen, und zehntausend Äonen, um die guten Taten Buddhas zu studieren; trotzdem sind sie immer noch nicht in der Lage, die Buddhaschaft zu erlangen. Wie können diese Dämonen im Süden es wagen zu behaupten, dass das direkte Zeigen auf den Geist zur Wahrnehmung der Selbst-Natur und zur Erlangung der Buddhaschaft führe? Ich muss in den Süden gehen, ihre Höhle ausfegen und ihre Rasse vernichten, um die Dankbarkeit, die ich dem Buddha schulde, zurückzuzahlen."

So verließ er die Provinz Szu Chuan mit dem Kommentar von Ching Lung (zum *Diamant-Sutra*) auf seinen Schultern. Als er Li Yang erreichte, sah er eine alte Frau, die am Straßenrand Tien Hsin (ein Snack, wörtlich: „Geisteserfrischung") verkaufte. Er hielt an, legte seine Last ab und wollte etwas Gebäck kaufen,

---

[38] Der Ozean des *Bhutatathata* (Immer-Wirkliches), die alles enthaltende, immaterielle Natur des *Dharmakaya* (die Essenz des Absoluten).

[39] Das Erscheinen eines Buddhas ist so selten wie der Treffer einer Nadelspitze mit einem feinen Senfkorn; selbst ein genauer Treffer kann die unveränderliche Nadelspitze nicht bewegen.

[40] *saiksa*, Notwendigkeit des Studiums; *asaiksa*, nicht mehr lernen, jenseits des Studiums, der Zustand der Arhatschaft (Heiligkeit), die vierte der *sravaka*(Hörer)-Stufen; die vorangegangenen drei Stufen erfordern Studium. Wenn der Arhat frei von aller Illusion ist, hat er nichts mehr zu studieren.

um seinen Geist zu erfrischen. Die alte Frau zeigte auf sein Gepäck und fragte ihn: „Was ist das für Literatur?“ Teh Shan antwortete: „Der Kommentar von Ching Lung.“ Die alte Frau fragte: „Kommentar zu welchem Sutra?“ Teh Shin antwortete: „Zum Diamant-Sutra.“ Die alte Frau sagte: „Ich habe eine Frage an dich; wenn du sie beantworten kannst, werde ich dir Geisteserfrischung anbieten. Wenn du sie nicht beantworten kannst, geh bitte weg. Das *Diamant-Sutra* sagt: ‚Der vergangene, gegenwärtige und zukünftige Geist kann nicht gefunden werden.‘ Was also willst du erfrischen?“

Teh Shan war sprachlos. Er verließ den Ort und ging zum Kloster des Drachenteichs (Lung Tan). Dort betrat er die Dharma-Halle und sagte: „Ich habe mir lange gewünscht, den Drachenteich zu sehen, aber nun, wo ich hier ankomme, ist weder der Teich zu sehen, noch erscheint der Drache.“ Als er dies hörte, kam Meister Lung Tan heraus und sagte: „Du bist wirklich am Drachenteich angekommen.“[41] Teh Shan war erneut sprachlos; er entschloss sich, im Kloster zu bleiben.

Eines Abends stand er bei Lung Tan; dieser sagte zu ihm: „Es ist schon spät, warum gehst du nicht zurück in dein Quartier?“ Nachdem Teh Shan seinem

---

[41] Lung Tan war ein erleuchteter Meister. Der Satz: „Du bist wirklich am Drachenteich angekommen“ bedeutet: „Du hast wirklich den Zustand von Lung Tan oder Erleuchtung erreicht, denn das Wirkliche ist unsichtbar und erscheint nicht vor den Augen der Unerleuchteten.“ Teh Shan verstand die Bedeutung nicht und blieb sprachlos. Dies war das zweite Mal, dass er sprachlos blieb, das erste Mal geschah, als die alte Frau ihn nach dem vergangenen, gegenwärtigen und zukünftigen Geist fragte. Er war noch unerleuchtet, wurde aber später, nach seinem Erwachen, ein bedeutender Chan-Meister.

Lehrer eine gute Nacht gewünscht hatte, zog er sich zurück, kam aber wieder und bemerkte: „Es ist sehr dunkel draußen.“ Lung Tan zündete eine Papierfackel an und reichte sie ihm. Als Teh Shan die Fackel nehmen wollte, blies Lung Tan das Licht aus.

Daraufhin wurde Teh Shan vollkommen erleuchtet und verneigte sich vor dem Meister, um ihm zu danken. Lung Tan fragte ihn: „Was hast du gesehen?“ Teh Shan antwortete: „In Zukunft werde ich keine Zweifel mehr an den Zungenspitzen der alten Mönche im ganzen Land hegen.“

Am nächsten Tag stieg Lung Tan auf seinen Platz und sprach zu der Versammlung: „Es gibt einen Kerl, dessen Zähne wie Schwertblattbäume sind und dessen Mund wie ein Blutbad ist. Er erhält einen Schlag mit dem Stab, wendet jedoch nicht den Kopf. Später wird er meine Lehre auf dem Gipfel eines einsamen Berges aufstellen.“

Vor der Dharma-Halle legte Teh Shan alle Blätter des Ching Lung-Kommentars auf einen Haufen und sprach, mit einer Fackel in der Hand: „Eine erschöpfende Erörterung des schwer Fassbaren ist wie ein Haar, das in die große Leere gelegt wird, und das Ausreizen aller menschlichen Fähigkeiten ist wie ein Wassertropfen, der in den großen Ozean gegossen wird.“ Dann verbrannte er das Manuskript. Er verabschiedete sich von seinem Meister und verließ das Kloster.

Er ging geradewegs zum Kuei Shin-Kloster, trug sein Gepäck unter dem Arm und betrat die Dharma-Halle, die er von der Ost- zur Westseite und dann von der West- zur Ostseite durchquerte. Er sah den Abt

(Meister Kuei Shan) an und sagte: „Irgendetwas? Irgendetwas?“ Kuei Shan saß in der Halle und schenkte dem Besucher keine Aufmerksamkeit. Teh Shan sagte: „Nichts, nichts.“ und verließ die Halle.

Als er die Eingangstür des Klosters erreichte, sagte er zu sich selbst: „Wie dem auch sei, ich sollte nicht so unvorsichtig sein.“ Dann drehte er sich um und betrat erneut feierlich die Halle. Als er die Schwelle überschritt, nahm er seinen Stoffteppich zum Sitzen (*nisidana*) heraus, hob ihn hoch und rief: „Ehrwürdiger Upadhyaya (Mönch)!“ Als Kuei Shan im Begriff war, einen Staubbesen[42] aufzuheben, gab Teh Shan einen Schrei von sich[43] und verließ die Halle.

An diesem Abend fragte Kuei Shan den Leiter der Versammlung: „Ist der Neuankömmling noch hier?“ Der Leiter antwortete: „Als er die Halle verließ, wandte er ihr den Rücken zu, zog seine Strohsandalen an und ging fort.“ Kuei Shan sagte: „Dieser Mann wird später auf einen einsamen Gipfel gehen, wo er eine strohgedeckte Hütte errichten wird; er wird Buddhas beschimpfen und Patriarchen verfluchen.“

Teh Shan blieb dreißig Jahre lang in Li Yang. Während der Verfolgung der Buddhisten durch den Kaiser Wu Tsung (841–846) aus der Tang-Dynastie suchte der Meister Zuflucht in einer Steinhütte auf dem Berg Tu Fou. Zu Beginn der Herrschaft von Ta Chung stellte der Präfekt Hsieh Ting Wang die Verehrung des Klosters Teh Shan wieder her und nannte es Ko Teh.

[42] Der von den Alten verwendete Wedel bestand aus langen Pferdehaaren, die am Ende des Griffs befestigt waren. Er diente dazu, die Funktion der eigenen Natur zu offenbaren.
[43] Der Schrei sollte denjenigen offenbaren, der ihn ausstieß, d.h. die eigene Natur.

Er war auf der Suche nach einem Mann mit herausragenden Fähigkeiten, der die Leitung des Klosters übernehmen sollte, als er vom Ruf des Meisters hörte. Trotz mehrerer Einladungen weigerte sich Teh Shan, den Berg (Tu Fou) hinabzusteigen. Schließlich ersann der Präfekt eine List und schickte seine Männer aus, um ihn fälschlicherweise zu beschuldigen, unter Missachtung des Gesetzes Tee und Salz zu schmuggeln. Als der Meister in die Präfektur gebracht wurde, erwies der Präfekt ihm seine Ehrerbietung und lud ihn ein, die Leitung der Chan-Halle zu übernehmen, wo Teh Shan die Lehre der Sekte verbreitete.

Später sprachen die Leute über Teh Shans Schreie und Lin Chis[44] Schläge. Wenn wir uns so disziplinieren können wie diese beiden Meister, warum sollten wir dann nicht in der Lage sein, Geburt und Tod ein Ende zu setzen? Nach Teh Shan kamen Yen Tou und Hsueh Feng. Nach Hsueh Feng kamen Yun Men und Fa Yen[45], und auch der Staatsmeister Teh Shao und der Vorfahr Yen Shou vom Yung Ming-Kloster. Sie alle wurden von Teh Shans Mitarbeitern „erzeugt".

Während der vergangenen, aufeinanderfolgenden Dynastien wurde die Sekte von großen Vorfahren und Meistern am Leben erhalten. Ihr seid hier, um eine Chan-Woche abzuhalten, und ihr versteht diese unübertroffene Lehre sehr gut, die es uns ohne Schwierigkeiten ermöglicht, direkte Selbst-Erkenntnis und Befreiung von Geburt und Tod zu erlangen. Wenn ihr

---

[44] Lin Chi war der Gründer der Lin-Chi-Sekte, einer der fünf Chan-Sekten Chinas.

[45] Yun Men und Fa Yen waren die Begründer der Sekten Yun Men und Fa Yen, zwei der fünf Chan-Sekten in China.

jedoch damit herumspielt und nicht ernsthaft übt, oder wenn ihr von morgens bis abends den „Dämon im hellen Schatten“ betrachten oder eure Pläne in der „Höhle der Worte und Ausdrücke“ schmieden wollt, werdet ihr niemals Geburt und Tod entkommen. Also, ihr alle, strengt euch bitte fleißig an!

Der vierte Tag

Dies ist der vierte Tag unserer Chan-Woche. Ihr habt euch in eurem Üben angestrengt; einige von euch haben Gedichte und *gatha* verfasst und sie mir zur Überprüfung vorgelegt. Das ist keine leichte Sache, aber diejenigen von euch, die sich auf diese Weise bemüht haben, müssen meine beiden vorherigen Vorträge vergessen haben. Gestern Abend sagte ich:

Für die Selbst-Kultivierung gibt es keine andere Methode; sie erfordert nur das Wissen um den Weg.

Wir sind hier, um das *huatou* zu erforschen, den Weg, dem wir folgen sollten. Unser Ziel ist es, uns über Geburt und Tod klar zu werden und die Buddhaschaft zu verwirklichen. Um Klarheit über Geburt und Tod zu erlangen, müssen wir auf dieses *huatou* zurückgreifen, das als das kostbare Schwert des Vajra-Königs verwendet werden sollte, um Dämonen zu erschlagen, wenn Dämonen kommen, und Buddhas, wenn Buddhas kommen, so dass keine Gefühle zurückbleiben und kein einziges Ding (*dharma*) aufgerichtet werden kann. Wo könnte es auf diese Weise falsches Denken geben, Gedichte und *gatha* zu schreiben und solche Zustände wie Leerheit und Helligkeit zu sehen? Wenn ihr eure Bemühungen so falsch ausgerichtet habt, weiß ich wirklich nicht, wohin euer *huatou* gegangen ist. Erfahrenen Chan-Mönchen muss dies nicht weiter erläutert werden, aber Anfänger sollten sehr vorsichtig sein.

Da ich befürchtete, dass ihr nicht wisst, wie ihr eure Ausbildung absolvieren sollt, habe ich in den letzten beiden Tagen über das Sitzen in der Meditation in einer Chan-Woche, den Wert dieser von unserer Sekte entwickelten Methode und die Art und Weise der Bemühungen gesprochen. Unsere Methode besteht darin, sich gezielt auf ein *huatou* zu konzentrieren, das weder von Tag noch von Nacht unterbrochen werden sollte, so wie fließendes Wasser. Es sollte temperamentvoll und klar sein und niemals verschwimmen. Es sollte klar und ständig erkennbar sein. Alle weltlichen Gefühle und heiligen Interpretationen sollten durch es niedergeschlagen werden. Ein alter Meister sagte:

> „Studiert die Wahrheit,
> wie ihr eine Zitadelle verteidigen würdet,
> die, belagert,
> um jeden Preis gehalten werden muss.
> Wenn intensive Kälte nicht
> bis auf die Knochen schlägt,
> wie kann die Pflaumenblüte duften?“

Diese vier Zeilen stammen von Meister Huang Po und haben zwei Bedeutungen. Die ersten beiden veranschaulichen diejenigen, die sich der Chan-Schulung unterziehen und die das *huatou* in der gleichen Weise festhalten sollten wie die Verteidigung einer Zitadelle, in die kein Feind eindringen darf. Dies ist die unnachgiebige Verteidigung der Zitadelle. Jeder von uns hat einen Geist, der das achte Bewusstsein (*vijnana*) ist, ebenso wie das siebte, sechste und die ersten fünf Bewusstseine. Die ersten fünf sind die fünf Diebe von Auge, Ohr, Nase, Zunge und Körper. Das sechste Bewusstsein ist der Dieb des Geistes (*manas*). Das siebte ist das trügerische Bewusstsein (*klista-mano-vijnana*), das von morgens bis abends das „Subjekt" des achten Bewusstseins ergreift und es mit einem „Ego" verwechselt. Es stiftet das sechste Bewusstsein an, die ersten fünf Bewusstseine dazu zu bringen, äußere Objekte wie Form, Klang, Geruch, Geschmack und Berührung zu suchen. Ständig getäuscht und gefesselt, wird das achte Geist-Bewusstsein in Knechtschaft gehalten, ohne sich befreien zu können. Aus diesem Grund sind wir verpflichtet, auf dieses *huatou* zurückzugreifen und sein „Kostbares Schwert des Vajra-Königs" zu benutzen, um all diese Diebe zu töten, damit das achte Bewusstsein in die Große Spiegel-Weisheit, das siebte in die Weisheit der Gleichheit, das sechste in die Tiefgründige Beobachtende Weisheit und die ersten fünf Bewusstseine in die Vervollkommnende Weisheit umgewandelt werden können.

Es ist von größter Wichtigkeit, zuerst das sechste und siebte Bewusstsein umzuwandeln, denn sie spielen die Hauptrolle und haben die Macht, zu unterscheiden und zu erkennen. Während ihr die Leere und die Helligkeit gesehen und Gedichte und *gatha* verfasst habt, haben diese beiden Bewusstseine ihre bösartigen Funktionen erfüllt. Heute sollten wir dieses *huatou* nutzen, um das unterscheidende Bewusstsein in die Tiefgründige Beobachtende Weisheit umzuwandeln und den Geist, der zwischen Ego und Persönlichkeit unterscheidet, in die Weisheit der Gleichheit. Dies nennt man die Umwandlung des Bewusstseins in Weisheit und die Verwandlung des Weltlichen in das Heilige. Es ist wichtig, dass wir nicht zulassen, dass diese Diebe, die Form, Klang, Geruch, Geschmack, Berührung und Dharma lieben, uns angreifen. Deshalb wird dies mit der Verteidigung einer Zitadelle verglichen.

Die letzten beiden Zeilen „Wenn intensive Kälte nicht bis auf die Knochen schlägt, wie kann die Pflaumenblüte duften?“ veranschaulichen die Lebewesen in den drei Welten der Existenz[46], die im Ozean von Geburt und Tod verschlungen sind, gebunden an die fünf Begierden[47], die von ihren Leidenschaften getäuscht werden und keine Befreiung erlangen können. Daher wird die Pflaumenblüte als Illustration verwendet, denn Pflaumenbäume blühen bei verschneitem Wetter auf. Im Allgemeinen werden Insekten und Pflanzen im Frühling geboren, wachsen im Sommer, bleiben im Herbst unbeweglich und ruhen im Winter. Im Winter sterben die Insekten und Pflanzen entweder ab oder ruhen. Der Schnee legt auch den Staub ab, der kalt ist und nicht in die Luft aufsteigen kann. Diese Insekten, Pflanzen und der Staub werden mit dem

---

[46] Welt der Wünsche, Welt der Form und formlose Welt.

[47] Die fünf Begierden, die aus den Objekten der fünf Sinne entstehen, Dinge, die man sieht, hört, riecht, schmeckt und berührt.

falschen Denken, dem Unterscheidungsvermögen, der Unwissenheit, dem Neid und der Eifersucht unseres Geistes verglichen, die aus der Verunreinigung mit den drei Giften[48] resultieren. Wenn wir uns von diesen Unreinheiten befreien, wird sich unser Geist auf natürliche Weise wohl fühlen und die Pflaumenblüten werden im Schnee duften. Aber ihr solltet wissen, dass diese Pflaumenbäume in der bitteren Kälte blühen und nicht im schönen, hellen Frühling oder in der milden Brise des schönen Wetters. Wenn wir wollen, dass unsere Geistesblüten blühen, können wir das nicht inmitten von Vergnügen, Ärger, Trauer und Freude erwarten oder wenn wir die Vorstellung von Ego, Persönlichkeit, richtig und falsch haben. Wenn wir über diese acht Arten des Geistes verwirrt sind, wird das Ergebnis unauffindbar sein. Wenn schlechte Handlungen begangen werden, wird das Ergebnis bösartig sein. Wenn gute Handlungen ausgeführt werden, wird das Ergebnis gutartig sein.

Es gibt zwei Arten von nicht beschreibbarer Natur: die der Träume und die der toten Leere. Die unfassbare Natur der Träume ist die von illusorischen Dingen, die in einem Traum erscheinen und nicht mit den normalerweise bekannten täglichen Aktivitäten verbunden sind. Dies ist der Zustand eines unabhängigen Geist-Bewusstseins (*mano-vijnana*). Er wird als unabhängiger, unbeschreibbarer Zustand bezeichnet.

Was ist die unbeschreibbare tote Leere? Wenn wir in unserer Meditation das *huatou* aus den Augen ver-

[48] Die drei Gifte sind: Falsches Verlangen, Hass oder Ressentiments und Dummheit.

lieren, während wir in der Stille verweilen, entsteht eine unbestimmte Leere, in der nichts ist. Das Festhalten an diesem Zustand der Stille ist eine Chan-Krankheit, die wir uns während unserer Ausbildung niemals zuziehen sollten. Dies ist die unbeschreibbare tote Leere.

Was wir tun müssen, ist, den ganzen Tag lang das *huatou* zu halten, ohne unseren Griff zu lockern, das *huatou*, das lebendig, hell, ungetrübt, klar und ständig erkennbar sein sollte. Ein solcher Zustand sollte sich einstellen, egal ob wir gehen oder sitzen. Aus diesem Grund sagte ein alter Meister:

„Wenn man geht, nichts als Chan; wenn man sitzt, nichts als Chan. Dann ist der Körper in Frieden, egal ob man spricht oder sich bewegt."

So sagte es der Ahnherr Han Shan:

„Hoch oben auf einem Berggipfel
sieht man nur den grenzenlosen Raum.
Wie man in Meditation sitzt, weiß niemand.
Der einsame Mond scheint
  über dem eisigen Teich,
aber im Teich gibt es keinen Mond;
Der Mond steht am nachtblauen Himmel.
Dieses Lied wird jetzt gesungen,
Aber in dem Lied gibt es kein Chan."

Ihr und ich müssen eine gemeinsame Sache haben, und deshalb nutze ich die Gelegenheit, zu euch über die Chan-Ausbildung zu sprechen. Ich hoffe, ihr werdet euch anstrengen, stetige Fortschritte machen und euren Verstand nicht falsch einsetzen.

Ich werde euch eine andere Geschichte erzählen, ein *kung-an* (Koan). Nachdem der Gründer des Klosters Hsi Tan (Siddham in Sanskrit) auf dem Berg Hahnenfuß (Chi Tsu) seine Heimat verlassen hatte, suchte er erleuchtete Meister zur Unterweisung auf und machte sehr gute Fortschritte in seiner Übung. Eines Tages kehrte er in einem Gasthaus ein und hörte, wie ein Mädchen in einem Tofu-Laden dieses Lied sang:

> „Bohnenstangen-Chang
>   und Bohnenstangen-Li![49]
> Während eure Köpfe auf dem Kissen ruhen,
> denkt ihr tausend Gedanken,
> Doch morgen werdet ihr wieder
>   Bohnenquark verkaufen."

Der Meister saß in Meditation, und als er dieses Lied hörte, wurde er augenblicklich erweckt.[50] Das zeigt, dass die Alten, als sie sich dem Üben unterzogen, es nicht nötig hatten, es in einer Chan-Halle zu tun, um die Wahrheit zu erfahren. Die Selbst-Kultivierung und das Üben liegen im Einen Geist. Also, ihr alle, lasst bitte nicht zu, dass euer Geist gestört wird, damit eure

---

[49] Chang und Li sind die chinesischen Entsprechungen von Smith und Brown, zwei beliebte Familiennamen.

[50] In seiner Meditation hatte der Meister bereits alle Gedanken abgelegt, und als er das Lied hörte, nahm er sofort das wahr, was das Lied hörte, d.h. die Selbst-Natur. Dies wird Avalokitesvaras vollständige Erleuchtung durch das Hören genannt, oder: die erfolgreiche Hinwendung des Hörvermögens nach innen, um die Selbst-Natur zu hören (vgl. *Surangama Sutra*).

Zeit nicht verschwendet ist. Sonst werdet ihr morgen früh wieder Bohnenquark verkaufen.[51]

Der fünfte Tag

Über diese Methode der Selbst-Kultivierung kann man sagen, dass sie sowohl einfach als auch schwierig ist. Sie ist leicht, weil sie wirklich leicht ist, und sie ist schwierig, weil sie wirklich schwierig ist.

Sie ist einfach, denn ihr müsst nur jeden Gedanken ablegen, fest daran glauben, die Methode und einen beständigen Geist entwickeln. All dies wird euren Erfolg sicherstellen.

Sie ist schwierig, weil ihr Angst habt, Entbehrungen zu ertragen, und weil ihr es euch bequem machen wollt. Ihr solltet wissen, dass alle weltlichen Berufe ebenfalls Studium und Üben erfordern, bevor man Erfolg haben kann. Wie viel mehr noch, wenn wir von den Weisen Weisheit lernen wollen, um Buddhas und Patriarchen zu werden. Können wir unser Ziel erreichen, wenn wir unachtsam handeln?

Deshalb ist das Wichtigste, dass wir bei unserer Selbst-Kultivierung und der Umsetzung der Wahrheit einen festen Geist haben. Dabei können wir nicht vermeiden, von Dämonen behindert zu werden. Diese dämonischen Hindernisse sind die äußere karmische Umgebung, die durch unsere Leidenschaften für alle Formen, Klänge, Gerüche, Geschmäcker, Berührungen und das Dharma verursacht werden, wie ich in

---

[51] Bohnenquark wird aus Sojabohnen hergestellt und ist sehr billig, so dass nur arme Leute ihn zum Verkauf herstellen. Aus diesem Grund sind sie nie mit ihrem Los zufrieden und wollen immer etwas Gewinnbringenderes machen.

meinem gestrigen Vortrag aufgezählt habe. Diese karmische Umgebung ist unser Feind im Leben und im Tod. Aus diesem Grund gibt es viele Sutra erklärende Dharma-Meister, die aufgrund ihres schwankenden religiösen Geistes nicht fest auf ihren eigenen Füßen stehen können, während sie sich inmitten dieser Umgebung befinden.

Der nächste wichtige Punkt ist, einen beständigen Geist zu entwickeln. Seit unserer Geburt in dieser Welt haben wir grenzenloses Karma geschaffen, und wenn wir uns jetzt kultivieren wollen, um Geburt und Tod zu entkommen, können wir dann unsere früheren Gewohnheiten auf einmal auslöschen? In alten Zeiten gab es Vorfahren wie den Chan-Meister Chang Ching, der in Meditation saß, bis er sieben Matten abgenutzt hatte, und Chan-Meister Chao Chou, der im Alter von achtzig Jahren von Ort zu Ort wanderte, um Unterweisung zu erbitten, nachdem er vierzig Jahre lang über das Wort „wu“ (wörtlich: „nicht“) meditiert hatte, ohne einen Gedanken in seinem Geist aufkommen zu lassen. Sie erlangten schließlich vollständige Erleuchtung, und die Fürsten der Staaten Yen und Chao verehrten sie und brachten ihnen Opfergaben dar. In der Ching-Dynastie verlieh ihnen Kaiser Yung Cheng (1723–35), der ihre Reden gelesen und für ausgezeichnet befunden hatte, posthum den Titel „Alter Buddha“. Dies ist die Errungenschaft, die sie nach einem ganzen Leben der Enthaltsamkeit erreicht haben.

Wenn wir nun alle unsere früheren Gewohnheiten auslöschen können, um unseren Einen Gedanken zu reinigen, werden wir den Buddhas und Patriarchen gleichgestellt sein. Das *Surangama Sutra* sagt:

„Es ist wie die Reinigung von schlammigem Wasser, das in einem sauberen Gefäß aufbewahrt wird; wenn man es in völliger Ruhe belässt, sinken Sand und Schlamm auf den Grund. Wenn das klare Wasser erscheint, nennt man dies die erste Unterdrückung des eindringenden bösen Elements der Leidenschaft.[52] Wenn der Schlamm entfernt wurde und nur noch das klare Wasser zurückbleibt, nennt man dies die dauerhafte Unterbrechung der grundlegenden Unwissenheit."[53]

Unsere gewohnheitsmäßigen Leidenschaften werden mit Schlamm und Sedimenten verglichen, weshalb wir uns des *huatou* bedienen müssen. Das *huatou* wird mit Alaun verglichen, der verwendet wird, um schlammiges Wasser zu klären, und zwar auf die gleiche Weise, wie die Leidenschaften unter Kontrolle gebracht werden. Wenn es einem Menschen in seinem Üben gelingt, die Gleichförmigkeit von Körper und Geist zu erreichen, so dass der Zustand der Stille eintritt, sollte er vorsichtig sein und niemals darin verweilen. Er sollte wissen, dass dies nur ein erster Schritt ist, aber dass die durch Leidenschaften verursachte Unwissenheit noch nicht ausgelöscht ist. Dies ist nur der verblendete Geist, der den Zustand der Reinheit erreicht, genau wie schlammiges Wasser,

[52] *agantu-klesa* in Sanskrit, das fremde Atom oder eindringende Element, das in den Geist eindringt und Kummer und Verblendung verursacht. Der Geist wird erst dann rein sein, wenn dieses bösartige Element entfernt worden ist.

[53] Wasser ist das Symbol der eigenen Natur, Schlamm das der durch Leidenschaften verursachten Unwissenheit.

das, obwohl es gereinigt ist, immer noch Schlamm und Ablagerungen am Grund enthält. Ihr müsst zusätzliche Anstrengungen unternehmen, um weiter voranzukommen. Ein alter Meister sagte:

„Auf einer Mastspitze sitzend,
  die hundert Fuß hoch ist[54],
wird man immer noch das wahrnehmen,
was nicht real ist.
Wenn man dann von der Spitze
  einen Schritt macht,
wird der eigene Körper
  überall im Universum erscheinen."

Wenn ihr keinen Schritt vorwärts tut, werdet ihr die Stadt der Illusion zu eurem Zuhause machen und eure Leidenschaften werden wieder aufsteigen können. In diesem Fall wird es für euch schwierig sein, auch nur ein erleuchteter Mensch zu werden.[55] Aus diesem Grund muss der Schlamm entfernt werden, um das klare Wasser zu erhalten.

Dies ist die dauerhafte Auslöschung der grundlegenden Unwissenheit und nur dann kann die Buddhaschaft erlangt werden. Wenn die Unwissenheit dauerhaft ausgelöscht ist, werdet ihr in der Lage sein, in körperlicher Form in den zehn Richtungen des Universums zu erscheinen, um den Dharma zu erklären, so wie Avalokitesvara Bodhisattva, der in zweiund-

---

[54] Ein Zustand der leeren Stille, in dem alle Gedanken aufgehört haben zu entstehen und *prajna* (Weisheit) noch nicht erreicht ist.

[55] Im Gegensatz zu einem Bodhisattva, der die Selbsterkenntnis sucht, um die Menge zu erleuchten.

dreißig Formen erscheinen kann und der, wenn er sich manifestiert, um den Dharma zu lehren, die am besten geeignete Form wählen kann, um ein ansprechbares Lebewesen zu befreien. Ihr werdet frei von Zwängen sein und euch überall der Unabhängigkeit und des Komforts erfreuen – sogar in einem Haus der Prostitution, einer öffentlichen Bar, dem Schoß einer Kuh, einer Stute oder eines Maultiers, im Paradies oder in der Hölle.

Andererseits wird ein diskriminierender Gedanke euch in das sich drehende Rad der Geburten und Tode schicken. Einst war Chin Kuai[56], der in einem früheren Leben Ksitigarbha Bodhisattva Weihrauch- und Kerzenopfer darbrachte, aber keinen beständigen Geist in seiner Schulung entwickelte, weil er seine durch Leidenschaften verursachte Unwissenheit nicht auslöschte, in seiner folgenden Reinkarnation das Opfer seines Hass-Geistes geworden. Dies ist nur ein Beispiel.

Wenn euer gläubiger Geist stark ist und euer beständiger Geist sich nicht zurückentwickelt, werdet ihr in eurer gegenwärtigen körperlichen Form in der Lage sein, die Buddhaschaft zu erlangen, selbst wenn ihr nur ein gewöhnlicher Mensch seid.

Es gab einmal einen armen und unglücklichen Mann, der sich dem Orden (Sangha) in einem Kloster anschloss. Obwohl er sich gerne selbst kultivieren wollte, kannte er die Methode nicht. Da er nicht wuss-

---

[56] Ein Staatsmann der Sung-Dynastie, durch den Yueh Fei, ein guter Befehlshaber, hingerichtet wurde; er wird dafür allgemein verachtet und sein Name ist heute ein Synonym für Verräter.

te, wen er danach fragen sollte, beschloss er, sich jeden Tag abzumühen und zu schuften. Eines Tages kam ein Wandermönch in das Kloster und sah den Mann schuften. Der Mönch fragte ihn nach seiner Praxis und der Mann antwortete: „Jeden Tag verrichte ich diese Art von harter Arbeit. Bitte zeige mir die Methode der Selbst-Kultivierung.“ Der Mönch erwiderte: „Du solltest den Satz: ‚Wer ist der Wiederholer von Buddhas Namen?‘ erforschen.“ Wie vom besuchenden Mönch angewiesen, gelang es dem Mann, das Wort „Wer“ im Kopf zu behalten, während er seine tägliche Arbeit verrichtete. Später wohnte er in einer Grotte auf einer kleinen Insel, um sein Üben fortzusetzen und Blätter als Kleidung und Pflanzen als Nahrung zu verwenden. Seine Mutter und seine Schwester, die noch lebten, hörten von seinem Rückzug in eine Grotte auf einer kleinen Insel, in der er bei seiner Selbst-Kultivierung viel Leid ertragen musste. Seine Mutter schickte seine Schwester, ihm eine Rolle Stoff und etwas Proviant zu bringen. Als sie ankam, sah sie ihn in Meditation sitzen. Sie rief ihn, aber er antwortete nicht, und sie schüttelte ihn, aber er rührte sich nicht. Als sie sah, dass ihr Bruder sie weder ansah noch grüßte, sondern weiter in der Grotte meditierte, wurde sie wütend, ließ die Stoffrolle und den Proviant dort liegen und kehrte nach Hause zurück. Dreizehn Jahre später besuchte seine Schwester ihn erneut und sah dieselbe Stoffrolle noch immer an derselben Stelle liegen.

Später kam ein hungriger Flüchtling zu der Grotte, in der er einen Mönch in zerlumpten Kleidern sah; er trat ein und bat um Essen. Der Mönch stand auf und ging an den Rand der Grotte, um einige Kieselsteine zu sammeln, die er in einen Topf legte. Nachdem er sie eine Weile gekocht hatte, holte er sie heraus und lud den Besucher ein, sie mit ihm zu essen. Die Kieselsteine sahen aus wie Kartoffeln, und als der Besucher seinen Hunger gestillt hatte, sagte der Mönch zu ihm: „Bitte erwähnen Sie unser Essen nicht vor Außenstehenden."

Einige Zeit später dachte der Mönch bei sich: „Ich habe so viele Jahre hier verbracht, um mich zu kultivieren, und sollte nun günstige Ursachen für das Wohlergehen anderer schaffen." Daraufhin begab er sich nach Hsia Men (Fukien) wo er am Rande einer Straße eine strohgedeckte Hütte errichtete, in der er Reisenden kostenlos Tee anbot. Dies geschah in der Regierungszeit von Wan Li (1573–1619), etwa zu der Zeit, als die Kaiserinmutter verstarb. Der Kaiser wollte berühmte Mönche einladen, um buddhistische Zeremonien für das Wohlergehen seiner verstorbenen Mutter durchzuführen. Zunächst wollte er Mönche aus der Hauptstadt einladen, aber zu dieser Zeit gab es dort keine bedeutenden Mönche. Eines Nachts sah der Kaiser im Traum seine Mutter, die ihm sagte, dass es einen in der Präfektur Chang Chou in der Provinz Fu Chien gäbe. Der Kaiser schickte Beamte dorthin, um die dortigen Mönche einzuladen, für die Zeremonien in die Hauptstadt zu kommen. Als diese Mönche sich mit ihren Bündeln auf den Weg in die Hauptstadt machten, kamen sie an der Hütte des armen Mönchs vorbei, der sie fragte: „Ehrwürdige Meister, was macht

Euch so glücklich und wohin wollt Ihr gehen?“ Sie antworteten: „Wir haben den Befehl des Kaisers erhalten, in die Hauptstadt zu gehen, um Zeremonien für den Geist der Kaiserinmutter durchzuführen.“ Der arme Mönch sagte: „Darf ich mit euch gehen?“ Sie antworteten: „Du wirkst so armselig, wie kannst du mit uns gehen?“ Er sagte: „Ich weiß nicht, wie man Sutras rezitiert, aber ich kann eure Bündel für euch tragen. Es lohnt sich, der Hauptstadt einen Besuch abzustatten.“ Daraufhin nahm er die Bündel auf und folgte den anderen Mönchen in die Hauptstadt.

Als der Kaiser wusste, dass die Mönche ankommen würden, befahl er einem Beamten, ein Exemplar des Diamant-Sutras unter der Türschwelle des Palastes zu vergraben. Als die Mönche ankamen, wussten sie nichts von dem Sutra, überquerten die Türschwelle und betraten den Palast, einer nach dem anderen. Als der unglückliche Mönch die Schwelle erreichte, kniete er nieder und legte seine Handflächen aneinander, aber er betrat den Palast nicht. Trotz der Türhüter, die ihn riefen und versuchten, ihn hineinzuziehen, weigerte er sich, einzutreten. Als der Vorfall dem Kaiser berichtet wurde, der das Vergraben des Sutras angeordnet hatte, erkannte er, dass der heilige Mönch angekommen war, und kam persönlich, um ihn zu empfangen. Er sagte: „Warum betrittst du den Palast nicht?“ Der Mönch antwortete: „Ich wage es nicht, weil eine Kopie des Diamant-Sutras in der Erde vergraben wurde.“ Der Kaiser sagte: „Warum stellst du dich nicht auf den Kopf, um ihn zu betreten?“ Als der Mönch dies hörte, legte er seine Hände auf den Boden und sprang mit einem Salto in den Palast. Der Kaiser hatte den größten Respekt vor ihm und lud ihn ein, im inneren Palast zu bleiben.

Auf die Frage nach dem Altar und der Zeremonie antwortete der Mönch: „Die Zeremonie wird morgen früh während der fünften Nachtwache stattfinden. Ich werde nur einen Altar mit einem Geleit-Banner[57] und einen Tisch mit Weihrauch, Kerzen und Früchten für die Opfergaben an die Buddhas benötigen." Der Kaiser war nicht erfreut über die Aussicht auf eine unscheinbare Zeremonie und befürchtete gleichzeitig, dass der Mönch nicht genug Tugend besitzen könnte, um sie durchzuführen. Um seine Tugend zu testen, befahl er zwei Ehrendamen, den Mönch zu baden. Während und nach dem Bad blieb sein Genitalorgan unbewegt. Die Ehrendienerinnen berichteten dies dem Kaiser, dessen Respekt vor dem Mönch noch größer wurde, denn er erkannte nun, dass der Besucher wirklich heilig war. Daraufhin wurden die Vorbereitungen nach den Anweisungen des Mönchs getroffen, und am nächsten Morgen bestieg dieser seinen Sitz, um den Dharma zu erläutern. Dann stieg er zum Altar hinauf, legte seine Handflächen zum Gruß zusammen, ging mit dem Banner in der Hand zum Sarg und sprach: „In Wirklichkeit komme ich nicht. Aber in Euren Vorlieben seid Ihr einseitig. Mit einem einzigen Gedanken zu erkennen, dass es keine Geburt gibt, bedeutet, dass Ihr über die Deva-Bereiche springen werdet."

[57] Um den Geist des Verstorbenen in das Reine Land zu führen.

Nach der Zeremonie sagte der Mönch zum Kaiser: „Ich gratuliere Ihnen zur Befreiung Ihrer Majestät der Kaiserinmutter.“ Als der Kaiser an der Wirksamkeit einer Zeremonie zweifelte, die auf diese Weise endete, hörte er im Raum die Stimme der Verstorbenen sagen: „Ich bin jetzt befreit; Ihr solltet euch vor dem heiligen Meister verneigen.“

Der Kaiser war verblüfft und sein Gesicht strahlte vor Freude. Er verneigte sich vor dem Mönch und dankte ihm. Im inneren Palast wurde dem Meister ein vegetarisches Festmahl dargeboten. Als der Mönch sah, dass der Kaiser eine farbige Hose trug, richtete er seinen Blick auf sie. Der Kaiser fragte ihn: „Gefällt dem Tugendhaften diese Hose?“, und er zog sie aus und bot sie dem Besucher an, der daraufhin antwortete: „Ich danke Eurer Majestät für seine Güte.“ Darum verlieh der Kaiser dem Mönch den Titel „Staatsmeister Drachenhosen“. Nach dem Bankett führte er ihn in den kaiserlichen Garten, wo sich ein kostbarer Stupa[58] befand. Der Mönch war glücklich über den Anblick des Stupa und blieb stehen, um ihn zu bewundern. Der Kaiser fragte: „Gefällt dem Staatsmeister dieser Stupa?“ Der Besucher antwortete: „Er ist wunderbar!“ Der Kaiser sagte: „Ich bin bereit, ihn Euch mit Ehrfurcht zu überreichen.“ Als der Gastgeber den Befehl gab, den Stupa nach Chang Chou zu bringen, sagte der Mönch: „Das ist nicht nötig, ich kann ihn wegtragen.“ Nachdem er dies gesagt hatte, steckte der Mönch den Stupa in seinen langen Ärmel, erhob sich

[58] Ein Bauwerk, das Buddha und seine Lehre repräsentiert; ursprünglich ein Grabhügel.

in die Luft und verschwand. Der Kaiser war verblüfft und überglücklich zugleich und lobte das beispiellose Ereignis.

Liebe Freunde, dies ist in der Tat eine wunderbare Geschichte, und sie kam einfach deshalb zustande, weil der Mönch von dem Zeitpunkt an, als er sein Haus verließ, niemals seinen unterscheidenden Verstand benutzte und einen dauerhaften Glauben an die Wahrheit hatte. Er kümmerte sich nicht um seine Schwester, die ihn besuchte, schenkte seinen zerlumpten Kleidern keine Beachtung und rührte die Stoffrolle nicht an, die dreizehn Jahre lang in der Grotte lag. Wir müssen uns nun fragen, ob wir unsere Ausbildung auf eine solche Art und Weise durchlaufen können. Es ist überflüssig, über unsere Unfähigkeit zu sprechen, dem Beispiel des Mönchs zu folgen, wenn unsere Schwestern einmal zu uns kommen. Es genügt ja schon, die Haltung zu erwähnen, die wir nach der Meditation einnehmen, indem wir beim Gehen nicht davon ablassen können, unseren Leiter anzustarren, wenn er Weihrauch darbietet, oder wenn wir die Bewegungen unseres Nachbarn beobachten. Wenn unsere Übung auf diese Weise erfolgt, wie können wir dann unser *huatou* festhalten?

Liebe Freunde, ihr müsst nur den Schlamm entfernen und das Wasser behalten. Wenn das Wasser klar ist, wird der Mond automatisch erscheinen. Jetzt ist es an der Zeit, euer *huatou* entstehen zu lassen und es genau zu untersuchen.

Der sechste Tag

Schon die Alten sagten: „Tage und Monate ziehen schnell wie ein Federball vorbei und die Zeit fliegt wie ein Pfeil.“ Unsere Chan-Woche hat erst vorgestern begonnen und wird morgen zu Ende gehen. Nach der Regel wird morgen früh eine Prüfung stattfinden, denn der Zweck einer Chan-Woche ist es, eine Frist für die Erfahrung der Wahrheit zu setzen. Mit Erleben ist das Erwachen und die Verwirklichung der Wahrheit gemeint. Das heißt, die Erfahrung des eigenen fundamentalen Selbst und die Verwirklichung der tiefgründigen Natur des Tathagata (Buddha). Dies wird das Erfahren und die Verwirklichung der Wahrheit genannt.

Ihre Prüfung dient dazu, festzustellen, inwiefern ihr in diesen sieben Tagen etwas erreicht habt, und ihr müsst der Versammlung eure Leistung offenlegen. Gewöhnlich wird diese Prüfung als das Einsammeln der Rechnung des Fahrgeldes[59] von euch allen bezeichnet. Das bedeutet, dass ihr alle zu dieser Prüfung erscheinen müsst. Mit anderen Worten, ihr müsst alle zur Wahrheit erweckt werden, damit ihr den Buddha-Dharma zur Befreiung aller Lebenden darlegen könnt. Heute sage ich nicht, dass ich erwarte, dass ihr alle zur Wahrheit erweckt werden müsst. Wenn auch nur einer von euch erwacht ist, kann ich immer noch diese Rechnung kassieren. Das heißt, eine Person wird die Rechnung für die Mahlzeiten bezahlen, die der ganzen Versammlung serviert werden. Wenn wir alle einen geschickten und fortschrittlichen Geist auf der

[59] Wörtlich: „Kosten der Knödel“.

Suche nach der Wahrheit entwickeln, werden wir alle zu ihr erweckt werden. Die Alten sagten: „Es ist leicht für einen weltlichen Menschen, die Buddhaschaft zu erlangen, aber es ist in der Tat schwer, falsches Denken zu beenden."

Nur wegen unserer unersättlichen Begierden seit der Zeit ohne Anfang treiben wir jetzt im Meer der Sterblichkeit umher, in dem es 84.000 Leidenschaften und alle Arten von Gewohnheiten gibt, die wir nicht auslöschen können. Infolgedessen sind wir nicht in der Lage, die Wahrheit zu erlangen und so zu sein wie Buddhas und Bodhisattvas, die dauerhaft erleuchtet und frei von Verblendung sind. Aus diesem Grund sagte Meister Lien Chih:

> „Es ist leicht, sich in den Ursachen der Verschmutzung[60] zu verfangen, aber die Wahrheit zu verdienen, die gutes Karma erzeugt, ist sehr schwer.
>
> Wenn man nicht hinter das sehen kann, was zu sehen ist, werden Ursachen unterschieden.
>
> Um euch herum sind nur Gegenstände, die wie Windstöße die Ernte des Verdienstes, den ihr gesät habt, zerstören.
>
> Die Leidenschaften des Geistes gehen in Flammen auf und zerstören die Samen von *bodhi* im Herzen.

---

[60] *nidina* oder Ursache der Verschmutzung, die die Illusion mit dem karmischen Elend der Reinkarnation verbindet.

Wenn die Besinnung (*smrti*) auf die Wahrheit so intensiv wie Leidenschaft ist, wird die Buddhaschaft schnell erlangt werden.

Wenn ihr andere so behandelt, wie ihr euch selbst behandelt, wird alles zu eurer Zufriedenheit geregelt sein.

Wenn man sich selbst nicht im Recht und andere nicht im Unrecht sieht, werden sich die Herren und ihre Diener gegenseitig respektieren.

Wenn der Buddha-Dharma ständig vor einem steht, ist das die Befreiung von allen Leidenschaften.“

Wie klar und treffend sind diese Zeilen! Das Wort „Verunreinigung“ bedeutet „unrein machen“. Das Reich der weltlichen Menschen ist mit dem Verlangen nach Reichtum, Sinnlichkeit, Ruhm und Gewinn sowie mit Zorn und Streit befleckt. Für sie sind die beiden Worte „Religion“ und „Tugend“ nur Hindernisse. Jeden Tag geben sie dem Vergnügen, dem Ärger, dem Kummer und der Freude nach und sehnen sich nach Reichtum, Ehre, Ruhm und Wohlstand. Da sie die weltlichen Leidenschaften nicht beseitigen können, sind sie unfähig, auch nur einen einzigen Gedanken an die Wahrheit zu hegen. Infolgedessen ist der Hain der Verdienste ruiniert und alle Samen des *bodhi* sind zerstört. Wenn sie allen weltlichen Leidenschaften gegenüber gleichgültig sind, wenn sie Freunde und Feinde gleich behandeln, wenn sie sich des Tötens, Stehlens, Ehebruchs, der Lüge und des Trinkens berauschender Getränke enthalten, wenn sie allen Lebewesen gegenüber unparteiisch sind, wenn sie den Hunger anderer Menschen als ihren eigenen betrachten, wenn sie das Ertrinken anderer als ihr eigenes ansehen und wenn sie den *bodhi*-Geist entwickeln, werden sie mit der Wahrheit übereinstimmen und auch in der Lage sein, die Buddhaschaft auf einen Schlag zu erreichen. Aus diesem Grund wird gesagt: „Wenn die Erinnerung an die Wahrheit so intensiv wie die Leidenschaften ist, wird die Buddhaschaft schnell erlangt." Alle Buddhas und Heiligen erscheinen in der Welt, um den Lebenden zu dienen, indem sie sie von Leiden befreien, ihnen Glück schenken und ihnen aus Mitempfinden helfen.

Wir können sowohl Selbstverleugnung als auch Mitgefühl für andere üben und so auf alle Arten von Vergnügen verzichten. Wenn wir dies tun können, wird niemand Leiden ertragen müssen und es wird nichts bleiben, was nicht erreicht werden kann. Daraus folgt, dass wir in der Lage sein werden, die volle Frucht unserer Belohnung zu erlangen, so wie ein Boot automatisch mit der Flut ansteigt. Wenn ihr im Umgang mit anderen einen mitfühlenden und respektvollen Geist habt und ohne Selbstherrlichkeit, Arroganz und Täuschung seid, werden sie euch sicherlich mit Respekt und Höflichkeit empfangen. Wenn ihr euch hingegen auf eure Fähigkeiten verlasst und unvernünftig seid, oder wenn ihr ein doppeltes Gesicht habt und nur auf euren eigenen Genuss von Klang, Form, Ruhm und Reichtum abzielt, wird der Respekt, mit dem sie euch vielleicht empfangen, nicht echt sein. Aus diesem Grund sagte Konfuzius: „Wenn du andere respektierst, werden sie dich immer respektieren. Wenn du Mitgefühl für andere hast, werden sie immer Mitgefühl für dich haben."

Der Sechste Patriarch sagte: „Ihre Fehler sind ihre und nicht unsere, aber wenn wir sie diskriminieren, sind auch wir im Unrecht."

Deshalb sollten wir keinen Geist entwickeln, der zwischen richtig und falsch und zwischen sich selbst und anderen unterscheidet. Wenn wir anderen Menschen auf die gleiche Weise dienen, wie es die Buddhas und Bodhisattvas taten, werden wir in der Lage sein, überall *bodhi*-Samen zu säen und die ausgezeichnetsten Früchte zu ernten. Auf diese Weise werden uns die Leidenschaften niemals in Knechtschaft halten können.

Die zwölf Abteilungen des Mahayana-Tripitaka (Kanons) wurden vom Weltehrwürdigen wegen unserer drei Gifte – Konkupiszenz (Begierde), Zorn und Dummheit – dargelegt. Daher sind die Ziele der zwölf Abteilungen dieses Tripitaka: Disziplin (*sila*), Unerschütterlichkeit (*samadhi*) und Weisheit (*prajna*). Ihr Zweck ist es, uns zu befähigen, unsere Begierden auszulöschen und die vier unendlichen Buddha-Geisteszustände anzunehmen: Güte (*maitri*), Mitempfinden (*karuna*), Freude (*mudita*) und Gleichmut (*upeksa*) und alle Arten der Erlösung,[61] sowie die Verblendung der Unwissenheit und die Verderbtheit der Dummheit zu beseitigen, die Tugend der vollkommenen Weisheit zu

[61] Die sechs *paramita* (Haupttugenden) sind: *dana* (Wohltätigkeit), *sila* (Disziplin), *ksanti* (Geduld oder Ausdauer), *virya* (Eifer und Fortschritt), *dhyana* (Meditation) und *prajna* (Weisheit).

erreichen und das verdienstvolle *Dharmakaya* zu verschönern. Wenn wir eine solche Verhaltensweise an den Tag legen können, wird die Lotus-Schatzkammer[62] überall erscheinen.

Die meisten von euch, die zu dieser Chan-Woche gekommen sind, sind tugendhafte Laien (*upasaka*). Ihr solltet euren Geist in angemessener Weise unterwerfen und euch von allen Fesseln befreien. Ich werde euch nun ein weiteres *kung-an* erzählen, damit ihr dem Beispiel der darin erwähnten Personen folgen könnt. Wenn ich es nicht erzähle, befürchte ich, dass ihr den Edelstein nicht erhaltet und mit leeren Händen nach Hause geht, und gleichzeitig würde ich mich eines Vertrauensbruchs schuldig machen. Bitte hört aufmerksam zu:

In der Tang-Dynastie gab es einen *upasaka* mit dem Namen Pang Yun, alias Tao Hsuan, dessen Heimatstadt Heng Yang in der Provinz Hu Nan war. Er war ursprünglich ein konfuzianischer Gelehrter und erkannte seit seiner Jugend die Vergeblichkeit der Leidenschaften, und er war entschlossen, die Wahrheit zu suchen.

Zu Beginn der Regierungszeit von Chen Yuan (785–804) hörte er von der Gelehrsamkeit des Meisters Shih Tou und suchte ihn zwecks Unterweisung auf. Als er den Meister sah, fragte er ihn: „Wer ist der Mann, der nicht alle Dharmas als seine Gefährten annimmt?“[63] Shih Tou streckte seine Hand aus, um Pang Yuns

---

[62] Lotus-Schatzkammer: das Reine Land aller Buddhas in ihren *Sambhogakaya*- oder Belohnungskörpern.

[63] Im Klartext bedeutet die Frage: Wer ist der Mensch, der nicht mehr an die Dinge oder das Phänomenale gebunden ist?

Mund zu schließen, und der Besucher verstand die Bewegung sofort.

Eines Tages fragte Shi Tou den Pang Yun: „Seit du diesen alten Mann (d.h. mich) gesehen hast, was hast du all die Tage getan?“ Pang Yun antwortete: „Wenn du mich fragst, was ich getan habe, weiß ich nicht, wie ich meinen Mund öffnen soll, um darüber zu sprechen.“ Dann legte er Shih Tou das folgende Gedicht vor:

„Es gibt nichts Besonderes an dem,
was ich jeden Tag tue;
ich halte mich nur im Einklang damit.
Überall nehme ich weder etwas an
noch lehne ich etwas ab.
Nirgendwo bestätige
oder widerlege ich eine Sache.
Warum sagt man,
dass sich Rot und Lila unterscheiden?
Auf dem blauen Berg
ist kein einziges Staubkorn zu sehen.
Übernatürliche Kräfte und Wunderwerke
sind nur das Wasserholen
und das Sammeln von Holz.“

Shi Tou billigte das Gedicht und fragte Pang Yun: „Wirst du dich dem Sangha-Orden anschließen oder wirst du ein Laie (*upasaka*) bleiben?“ Pang Yun antwortete: „Ich werde handeln, wie es mir gefällt“, und er rasierte seinen Kopf nicht (d.h. trat dem Orden nicht bei).

Später suchte Pang Yun Meister Ma Tsu auf und fragte ihn: „Wer ist der Mann, der nicht alle Dharmas zu seinen Gefährten nimmt?“ Ma Tsu antwortete: „Das werde ich dir sagen, nachdem du das ganze Wasser im Westlichen Fluss geschluckt hast.“[64] Als Pang Yun dies hörte, war er sofort zu der tiefgründigen Lehre erweckt. Er blieb zwei Jahre im Kloster von Ma Tsu.

Seit der vollständigen Verwirklichung seiner grundlegenden Natur gab der *upasaka* alle weltlichen Beschäftigungen auf, warf sein gesamtes Vermögen von zehntausend Gold- und Silbermünzen in den Hsiang-Fluss und stellte Bambuswaren her, um seinen Lebensunterhalt zu verdienen.

Eines Tages, als er sich mit seiner Frau über die Lehre vom Ungeborenen unterhielt, sagte der *upasaka*: „Schwierig! Schwierig! Schwierig! Es ist wie das Auspacken und Verteilen von zehn Ladungen Sesamsamen auf der Spitze eines Baumes.“

Seine Frau warf ein: „Leicht! Leicht! Leicht! Hundert Grashalme sind das Zeichen des Meisters.“[65]

Als ihre Tochter Ling Chao ihr Gespräch hörte, sagte sie lachend: „Oh, ihr zwei Alten! Wie könnt ihr nur so reden?“ Der *upasaka* sagte zu seiner Tochter:

---

[64] Derjenige, der keine Anhaftung mehr an weltliche Dinge hat, ist die erleuchtete Selbst-Natur, die jenseits aller Beschreibung ist. Ma Tsu gab diese Antwort, weil, wenn man Erleuchtung erlangt, der Körper oder seine Substanz alles durchdringt und alles enthält, einschließlich des Westlichen Flusses, der mit einem Staubkorn im unermesslichen Universum verglichen wird; er weiß alles und braucht keine Beschreibung seiner selbst.

[65] Um die Vorstellung von Schwierigkeiten zu zerstreuen, sagte die Frau, die Lehre sei leicht zu erklären, denn selbst die Tautropfen auf den Grashalmen würden von bedeutenden Meistern benutzt, um einen direkten Hinweis auf das zu geben, was diese Tautropfen gesehen habe. Dies war nur für erleuchtete Menschen einfach.

„Was würdest du denn sagen?“ Sie antwortete: „Es ist nicht schwer! Und es ist nicht leicht! Wenn man hungrig ist, isst man, und wenn man müde ist, schläft man.“

Pang Yun klatschte in die Hände, lachte und sagte: „Mein Sohn wird keine Frau bekommen; meine Tochter wird keinen Ehemann haben. Wir werden alle zusammenbleiben, um die Sprache der Ungeborenen zu sprechen.“

Seitdem wurde seine Redekunst wortgewaltig und eindringlich und wurde überall bewundert.

Als der *upasaka* den Meister Yo Shan verließ, schickte dieser zehn Chan-Mönche, um ihn zum Eingang des Klosters zu begleiten. Der *upasaka* deutete mit dem Finger auf den fallenden Schnee und sagte zu ihnen: „Guter Schnee! Die Flocken fallen nicht woanders hin.“ Ein Chan-Mönch namens Chuan fragte ihn: „Wohin fallen sie?“ Der *upasaka* gab dem Mönch eine Ohrfeige, und Chuan sagte: „Du darfst nicht so leichtsinnig handeln.“ Der *upasaka* erwiderte: „Was bist du doch für ein Chan-Mönch! Der Gott der Toten wird dich nicht passieren lassen.“ Chuan fragte: „Was meint dann der ehrwürdige *upasaka*?“ Der *upasaka* gab ihm erneut eine Ohrfeige und sagte: „Du siehst wie ein Blinder und du sprichst wie ein Stummer.“

Der *upasaka* besuchte häufig Orte, an denen Sutras erklärt und kommentiert wurden. Eines Tages hörte er der Erläuterung des Diamant-Sutras zu, und als der Kommentator zu dem Satz über die Nicht-Existenz von Ego und Persönlichkeit kam, fragte er: „Ehrwürdiger Herr, da es weder ein Selbst noch ein

Anderes gibt, wer legt jetzt aus und wer hört zu?“ Da der Kommentator nicht antworten konnte, sagte der *upasaka*: „Obwohl ich ein Laie bin, begreife ich etwas.“ Der Kommentator fragte ihn: „Wie lautet die Interpretation des ehrwürdigen *upasaka*?“ Der *upasaka* antwortete mit dem folgenden Gedicht:

„Es gibt weder Ego noch Persönlichkeit.
Wer ist dann fern und wer ist nah?
Nehmen Sie meinen Rat an
und beenden Sie Ihr Kommentieren.
Denn es ist nicht vergleichbar
  mit der direkten Suche nach der Wahrheit.
Die Natur der Diamantenen Weisheit
enthält keinen Fremdstaub.
Die Worte ‚ich höre‘, ‚ich glaube‘
  und ‚ich empfange‘ sind bedeutungslos
  und werden nur zweckdienlich verwendet.“

Nachdem er das Gedicht gehört hatte, war der Kommentator erfreut über die richtige Interpretation und lobte den *upasaka*.

Eines Tages fragte der *upasaka* Ling Chao: „Wie verstehst du das Sprichwort der Alten: ‚Offensichtlich gibt es hundert Grashalme; offensichtlich sind dies die Zeichen der Patriarchen‘?“ Ling Chao antwortete: „O du alter Mann, wie kannst du nur so reden?“ Der *upasaka* fragte sie: „Wie würdest du es sagen?“ Ling Chao antwortete: „Offensichtlich gibt es hundert

Grashalme; offensichtlich sind dies die Zeichen der Patriarchen."[66]

Der *upasaka* lachte zustimmend.

Als er wusste, dass er sterben würde, sagte er zu Ling Chao: „Geh hinaus und sieh nach, ob es früh oder spät ist; wenn es Mittag ist, sag mir Bescheid." Ling Chao ging hinaus, kam zurück und sagte: „Die Sonne steht in der Mitte des Himmels, aber leider wird sie vom Himmelshund verschluckt (d.h. Sonnenfinsternis). Warum gehst du nicht hinaus und schaust nach?" Da er glaubte, dass ihre Geschichte wahr sei, verließ er seinen Platz und ging hinaus. Ling Chao nutzte die Abwesenheit ihres Vaters aus, stieg auf seinen Platz, setzte sich mit gekreuzten Beinen und zusammengelegten Handflächen hin und schlief ein.

Als der *upasaka* zurückkehrte, sah er, dass Ling Chao gestorben war, und sagte mit einem Seufzer: „Meine Tochter war scharfsinnig und ging vor mir." So verschob er seinen Tod um eine Woche, um seine Tochter zu begraben.

Als der Richter Yu Ti kam, um sich nach seiner Gesundheit zu erkundigen, sagte der *upasaka* zu ihm:

---

[66] Die Tochter schien zunächst ihren Vater zu kritisieren und wiederholte dann denselben Satz, um zu bestätigen, was er gesagt hatte. Ähnliche Fragen und Antworten finden sich häufig in Chan-Texten, in denen Chan-Meister die Fähigkeiten ihrer Schüler prüfen wollten, indem sie zunächst kritisierten, was diese sagten. Jedes Zögern der Schüler würde offenbaren, dass sie die Aussagen anderer nur wiederholten, ohne sie zu verstehen. Dies war wie eine Falle, die aufgestellt wurde, um unerleuchtete Schüler zu fangen, die behaupteten, die Wahrheit erkannt zu haben. Wenn ein Schüler wirklich erleuchtet war, blieb er ungestört und stellte die Frage zurück. Wenn der Meister davon überzeugt war, dass der Schüler wirklich verstanden hatte, wiederholte er einfach denselben Satz, um dem, was der Schüler gesagt hatte, mehr Nachdruck zu verleihen.

„Gelobe nur, alles auszulöschen, was ist;
hüte dich davor, das wahr zu machen,
was nicht ist.[67]
Das Leben in dieser sterblichen Welt
ist ein Schatten ist, ein Echo.“

Nachdem er dies gesagt hatte, legte er seinen Kopf auf die Knie des Richters und schlief ein. Wie von ihm gewünscht, wurde sein Leichnam eingeäschert und die Asche in den See gestreut.

Seine Frau erfuhr von seinem Tod und ging zu ihrem Sohn, um ihn zu informieren. Als der Sohn die Nachricht hörte, stellte er seine Arbeit auf dem Feld ein, stützte sein Kinn auf den Stiel seiner Hacke und verstarb im Stehen. Nachdem die Mutter diese drei aufeinanderfolgenden Ereignisse miterlebt hatte, zog sie sich an einen unbekannten Ort zurück, um in Abgeschiedenheit zu leben.

Wie ihr seht, besaß die ganze vierköpfige Familie übernatürliche Kräfte und konnte Wunder vollbringen, und diese Laien, wie ihr auch *upasaka*, waren von überragender Vollendung. Gegenwärtig ist es unmöglich, Männer mit solch herausragenden Fähigkeiten zu finden, nicht nur unter euch *upasaka* und *upasika* (weibliche Laien), sondern auch unter Mönchen und Nonnen, die nicht besser sind als ich, Hsu Yun. Was für eine Schande! Strengen wir uns also wieder an in unserer Schulung!

---

[67] Existenz und Nichtexistenz sind zwei Extreme, die ausgelöscht werden sollten, bevor man die absolute Realität erreichen kann.

Der siebte Tag

Liebe Freunde, erlaubt mir, euch zu den Verdiensten zu gratulieren, die ihr in der heute zu Ende gehenden Chan-Woche angesammelt habt. Gemäß der ständigen Regel sollten diejenigen von euch, die die Wahrheit erfahren und verwirklicht haben, in dieser Halle vortreten, so wie es die Kandidaten taten, die an einer Gelehrtenprüfung teilnahmen, wie sie einst im kaiserlichen Palast stattfand. Heute, an dem Tag, an dem die Liste der erfolgreichen Absolventen veröffentlicht wird, sollte man ihnen gratulieren. Der ehrwürdige Abt war jedoch sehr barmherzig und hat beschlossen, dieses Chan-Treffen noch eine Woche lang fortzusetzen, damit wir alle zusätzliche Anstrengungen für weitere Fortschritte in der Selbst-Kultivierung unternehmen können.

Alle Meister, die hier anwesend und alte Hasen in diesem Üben sind, wissen, dass dies eine wunderbare Gelegenheit zur Zusammenarbeit ist und werden ihre wertvolle Zeit nicht vergeuden.

Aber diejenigen, die Anfänger sind, sollten wissen, dass es schwierig ist, einen menschlichen Körper zu erwerben und dass die Frage von Geburt und Tod große Bedeutung hat. Da wir menschliche Körper haben, sollten wir wissen, dass es schwierig ist, die Chance zu bekommen, den Buddha-Dharma zu hören und gelehrte Lehrer zu treffen. Heute seid ihr zum „kostbaren Berg“[68] gekommen und solltet dieses hervorra-

---

[68] Im „Sutra der Kontemplation des Geistes“ heißt es: „Wie ein Mann ohne Hand, der nichts erwerben kann, obwohl er den kostbaren Berg erreicht hat, wird jemand, der der Hand des Glaubens beraubt ist, nichts erwerben, selbst wenn er

gende Angebot nutzen, jede mögliche Anstrengung in der Selbst-Kultivierung zu unternehmen, um nicht mit leeren Händen nach Hause zu gehen.

Wie ich bereits sagte, wurde der Dharma unserer Sekte, der vom Weltverehrten übermittelt wurde, als er eine Blume hochhielt, um sie der Versammlung zu zeigen, von einer Generation zur anderen weitergegeben. Obwohl Ananda ein Cousin des Buddha war und sein Zuhause verließ, um ihm als Diener zu folgen, gelang es ihm nicht, die Wahrheit in der Gegenwart des Weltehrwürdigen zu erlangen. Nachdem der Buddha ins Nirwana eingegangen war, versammelten sich seine Hauptschüler in einer Höhle, um Sutras zu verfassen, aber Ananda wurde nicht erlaubt, an der Versammlung teilzunehmen. Mahakasyapa sagte zu ihm: „Du hast das Geistessiegel des Weltverehrten nicht erlangt, also reiße bitte den Bannerstab vor der Tür herunter." Daraufhin wurde Ananda gründlich erleuchtet. Dann übertrug Mahakasyapa ihm das Geistessiegel des Tathagata und machte ihn zum zweiten indischen Patriarchen. Die Übertragung wurde an die folgenden Generationen weitergegeben. Nach den Patriarchen Asvaghosa und Nagarjuna gelang es dem Chan-Meister Hui Wen vom Berg Tien Tai in der Pei Chi-Dynastie (550–578), nachdem er Nargajunas *Madhyamika Sastra* gelesen hatte, seinen eigenen Geist zu verwirklichen und die Tien Tai-Schule zu gründen.[69] Zu dieser Zeit erblühte unsere Chan-Sekte.

---

den Dreifachen Edelstein findet."

[69] Die neun Patriarchen der Tien Tai-Sekte sind: (1) Nagarjuna, (2) Hui Wen aus der Pei Chi-Dynastie, (3) Hui Ssu aus Nan Yo, (4) Chih Che oder Chih I, (5)

Später, als die Tien Tai-Schule in Dekadenz verfiel, reiste Staatsmeister Teh Shao (ein Chan-Meister) nach Korea, wo die einzige Kopie von Chih-is Werken existierte, kopierte sie und kehrte zurück, um die Sekte wiederzubeleben.

Bodhidharma, der achtundzwanzigste indische Patriarch, kam in den Osten, wo er der erste chinesische Patriarch wurde. Von seiner Übertragung des Dharma bis zur Zeit des Fünften Patriarchen leuchtete die Geisteslampe hell. Der Sechste Patriarch hatte dreiundvierzig Nachfolger, unter denen sich auch die bedeutenden Chan-Meister Hsing Szu und Huai Jang befanden. Dann kam Chan-Meister Ma Tsu, der dreiundachtzig Nachfolger hatte. Zu dieser Zeit erreichte der Rechte Dharma seinen Höhepunkt und wurde von Kaisern und hohen Beamten verehrt. Obwohl der Tathagata viele Dharma erläuterte, war das der Chan-Sekte das unübertroffene.

Das Dharma, das darin besteht, nur den Namen von Amitabha Buddha zu wiederholen, wurde von den Chan-Patriarchen Asvaghosa und Nagarjuna gepriesen, und nach Reines Land-Meister Hui Yuan wurde Chan-Meister Yen Shou aus dem Yung Ming-Kloster der sechste Patriarch der Sekte des Reinen Landes

---

Kuan Ting aus Chang An, (6) Fa Hua, (7) Tien Kung, (8) Tso Chi und (9) Chan Jan aus Ching Chi. Der 10., Tao Sui, wurde in Japan als Patriarch angesehen, da er der Lehrer von (dem Japaner) Dengyo Daishi war, der das Tendai-System im neunten Jahrhundert in dieses Land brachte. Die Tien Tai(jap. Tendai)-Sekte stützt ihre Lehren auf die Lotus-, Mahaparinirvina- und Mahaprajnaparamita-Sutras. Sie behauptet die Identität zwischen dem Absoluten und der Welt der Phänomene und versucht, die Geheimnisse aller Phänomene durch Meditation zu entschlüsseln.

(Chin Tu Tsung), die anschließend von vielen anderen Chan-Meistern verbreitet wurde.

Nach ihrer Verkündigung durch den Chan-Meister I Hsing verbreitete sich die Esoterische Sekte[70] nach Japan, verschwand aber in China, wo es keinen Nachfolger für den Meister gab.

Die Dharmalaksana-Sekte[71] wurde von Dharma-Meister Hsuan Tsang eingeführt, hielt sich aber nicht sehr lange.

Nur unsere Chan-Sekte ist wie ein Strom, der immer noch aus seiner entfernten Quelle fließt, Devas in seine Schranken weist und Drachen und Tiger unterwirft.

Lu Tung Pin alias Shun Yang, aus Ching Chuan stammend, war einer der berühmten Gruppe der acht Unsterblichen.[72] Gegen Ende der Tang-Dynastie stellte

---

[70] Chen Yen Tsung, auch Sekte „Wahres Wort" oder Shingon auf Japanisch genannt. Die Gründung dieser Sekte wird Vairocana zugeschrieben, zunächst über Bodhisattva Vajrasattva, dann über Nagarjuna zu Vajramati und zu Amoghavajra.

[71] Die Dharmalaksana-Sekte wird auf Chinesisch „Fa Hsiang" und auf Japanisch „Hosso" genannt. Diese Schule wurde nach der Rückkehr von Hsuan Tsang in China gegründet, nachdem er die Werke des Yogacara übersetzt hatte. Ihr Ziel ist es, das Prinzip zu verstehen, das der Natur und den Eigenschaften aller Dinge zugrunde liegt.

[72] Die Unsterblichen praktizieren den Taoismus und sitzen mit gekreuzten Beinen in Meditation. Ihr Ziel ist es, Unsterblichkeit zu erlangen, indem sie allen Leidenschaften ein Ende setzen, aber sie halten immer noch an der Sichtweise der Realität des Ichs und der Dinge fest. Sie leben in Höhlen oder auf den Gipfeln der Berge und beherrschen die Kunst, unsichtbar zu werden. Ein chinesischer Bhiksu (Mönch), der mit mir befreundet ist, ging nach Nordchina, als er noch jung war. Als er dort von einem Unsterblichen hörte, versuchte er, ihn ausfindig zu machen. Nach mehreren erfolglosen Versuchen gelang es ihm schließlich, ihn zu treffen. Auf den Knien flehte mein Freund den Unsterblichen an, ihn zu unterrichten. Dieser weigerte sich jedoch mit der Begründung, der Besucher gehöre nicht zu seiner Linie, d.h. zum Taoismus. Als der junge Mann aufstand und den Kopf hob, war der Unsterbliche verschwunden, und auf dem Tisch lag nur ein

er sich drei Mal der Prüfung zum Gelehrten, fiel aber jedes Mal durch. Entmutigt kehrte er nicht nach Hause zurück, und eines Tages traf er zufällig in einem Weinladen in Chang An einen Unsterblichen namens Chung Li Chuan, der ihn die Methode lehrte, seine Lebensspanne unendlich zu verlängern. Lu Tung Pin praktizierte die Methode mit großem Erfolg und konnte sich sogar unsichtbar machen und in der Luft nach Belieben über das ganze Land fliegen. Eines Tages stattete er dem Hai Hui-Kloster auf dem Berg Lu Shan einen Blitzbesuch ab und schrieb in dessen Glockenturm an die Wand:

„Nach einem Tag der Muße,
an dem der Körper entspannt ist,
verkünden die sechs Organe[73],
jetzt in Harmonie,
dass alles gut ist.
Wegen des Edelsteins in der Schamgegend[74]
ist es unnötig, nach Wahrheit zu suchen.

Und wenn man keine Rücksicht
auf die Umgebung nimmt,
braucht man auch kein Chan."

Einige Zeit später, als er den Berg Huang Lung überquerte, sah er am Himmel violette Wolken in Form

kleines Blatt Papier mit dem Wort „Auf Wiedersehen".

[73] Den alten Menschen zufolge sind die sechs Eingeweide: Herz, Lunge, Leber, Niere, Magen und Gallenblase.

[74] Bereich zweieinhalb Zentimeter unterhalb des Nabels, auf den die Konzentration in der taoistischen Meditation gerichtet ist.

eines Regenschirms. Er vermutete, dass sich im dortigen Kloster eine außergewöhnliche Person aufhalten musste und betrat es. Es geschah zur gleichen Zeit, dass Huang Lung, nachdem er die Trommel geschlagen hatte, zu seinem Sitz aufstieg, um den Dharma zu erklären. Lu Tung Pin folgte den Mönchen und betrat die Halle, um der Unterweisung zuzuhören.

Huang Lung sagte zu der Versammlung: „Heute gibt es hier einen Plagiator meines Dharmas; der alte Mönch (d.h. ich) wird ihn nicht erklären.“ Daraufhin trat Lu Tung Pin vor, verbeugte sich vor dem Meister und sagte: „Ich möchte den Ehrwürdigen Meister nach der Bedeutung dieser Zeilen fragen:

> Ein Getreidekorn enthält das Universum,
> Hügel und Flüsse füllen einen kleinen Topf.“

Huang Lung schimpfte ihn aus und sagte: „Was für ein leichenbewachender Teufel du bist.“ Lu Tung Pin erwiderte: „Aber meine Kalebasse enthält die Unsterblichkeit spendende Medizin.“ Huang Lung sagte: „Selbst wenn es dir gelingt, 80.000 Äonen zu leben, wirst du dem Sturz in die tote Leere nicht entkommen.“ Lu Tung Pin vergaß ganz die Stärke seines eigenen Satzes: „Wenn man keine Rücksicht auf die Umgebung nimmt, braucht man auch kein Chan.“ Er entbrannte vor Wut und warf sein Schwert nach Huang Lung. Huang Lung zeigte mit dem Finger auf das Schwert, das zu Boden fiel und das der Werfer nicht mehr zurückholen konnte. Mit tiefer Reue kniete Lu Tung Pin nieder und erkundigte sich nach dem

Buddha-Dharma. Huang Lung sagte: „Lass die Zeile ‚Hügel und Flüsse füllen einen kleinen Topf' beiseite, über die ich von dir nichts wissen will. Was aber ist die Bedeutung von: ‚Ein Getreidekorn enthält das Universum?'"[75] Als Lu Tung Pin diese Frage hörte, erkannte er sofort die tiefe Chan-Bedeutung. Dann rezitierte er das folgende Reue-Gedicht:

„Ich werfe meine Kalebasse weg
  und zerschlage meine Laute.
In Zukunft werde ich Gold
  nicht mehr aus Quecksilber gewinnen.
Nun, wo ich Meister Huang Lung traf,
habe ich meinen falschen Gebrauch
  des Geistes erkannt."[76]

Dies ist die Geschichte der Rückkehr eines Unsterblichen zum Dreifachen Edelstein, seines Vertrauens in ihn sowie seines Eintritts in das Kloster (Sangharama) als Hüter des Dharma. Lu Tung Pin war auch für die Wiederbelebung der taoistischen Sekte zu jener Zeit verantwortlich und war ihr fünfter Patriarch im Norden. Der Taoist Tzu Yang erkannte ebenfalls den Geist, nachdem er die buddhistische Sammlung „Tsu

[75] Das Getreidekorn wird vom Geist erschaffen und offenbart den Geist, der unermesslich ist und das ganze Universum enthält, das ebenfalls eine Schöpfung des Geistes ist. Unter großem Druck erkannte Lu Tung Pin augenblicklich seinen eigenen Geist und wurde zum Realen erweckt.

[76] Im Altertum behaupteten die Taoisten in China, sie könnten „Quecksilber durch Schmelzen von Zinnober gewinnen", d.h. sie kannten die Methode, die es ihnen ermöglichte, unsterblich zu werden; ihre Meditation zielte darauf ab, einen heißen Strom zu erzeugen, der alle Teile des Körpers durchdrang, und erfolgreiche Meditierende konnten ihre Geister in weit entfernte Länder schicken.

Ying Chi“ gelesen hatte, und wurde der fünfte Tao-Patriarch im Süden.[77] So wurde der Tao-Glaube dank der Chan-Sekte wiederbelebt.

Die Lehre des Konfuzius wurde bis zu Mencius überliefert, nach dem sie zu Ende ging. In der Sung-Dynastie studierten konfuzianische Gelehrte auch den Buddha-Dharma, und unter ihnen können wir Chou Lien Chi nennen, der die Chan-Schulung praktizierte und es schaffte, seinen Geist zu verwirklichen, und andere wie Cheng Tzu, Chang Tzu und Chu Tzu (alles berühmte Konfuzianer). Daher trug die Chan-Sekte in nicht geringem Maße auch zur Wiederbelebung des Konfuzianismus bei.

Heutzutage gibt es viele Menschen, die den Chan-Dharma verachten und sogar verleumderische Bemerkungen über ihn machen und damit die Hölle verdienen. Nun erhalten wir von der günstigen Ursache, die uns hier versammelt, eine ausgezeichnete Gelegenheit. Wir sollten Freude empfinden und das große Gelübde ablegen, Objekte der Verehrung für Drachen und Devas (Halbgötter) zu werden und den Rechten Dharma für immer zu bewahren. Dies ist kein Kinderspiel; bitte bemüht euch also nach Kräften um weitere Fortschritte in eurer Selbst-Kultivierung.

---

[77] Tzu Yang war ein bedeutender Taoist, der den Chan-Dharma gut kannte, und seine Werke zeugen von der Erkenntnis des Geistes. Kaiser Yung Cheng hielt ihn für einen echten Chan-Buddhisten und veröffentlichte seine Werke in der „Kaiserlichen Auswahl der Chan-Sprüche“.

2. Woche

Der erste Tag

Mein Kommen hierher hat dem Kloster bereits viele Unannehmlichkeiten bereitet, und ich verdiene die großzügige Gastfreundschaft nicht, die mir der ehrwürdige Abt und die Ältesten entgegenbringen. Heute wurde ich erneut gebeten, diese zweite Chan-Woche zu leiten. Ich muss sagen, dass ich nicht qualifiziert bin, dies zu tun. Es ist einleuchtend, dass der ehrwürdige alte Dharma-Meister Ying Tzu, der an Alter und Dharma-Jahren[78] fortgeschritten ist, diese Versammlung leiten sollte. In diesem Kloster gibt es auch viele gelehrte und tugendhafte Dharma-Meister. Ich bin nur eine „Wasserlinse", die auf dem Wasser schwimmt[79], und bin daher ein völlig nutzloser Mensch. Es wäre falsch zu sagen, dass mir aufgrund meines Alters Vorrang und Höflichkeit eingeräumt werden sollten. Sogar im Welt-Dharma wird der Frage des Alters keine Beachtung geschenkt. Wenn früher im kaiserlichen Palast die Gelehrtenprüfung abgehalten wurde, nannte man den Prüfer „mein alter Lehrer", ganz gleich, ob der Kandidat jung oder alt war, denn letzterer wurde wegen seines Ranges und nicht wegen seines Alters respektiert. Auch im Buddha-Dharma wird dem Alter keine Beachtung geschenkt.

[78] Das Dharma-Alter eines Mönchs ist die Anzahl der Sommer- oder Disziplinjahre seit seiner Ordination.

[79] D.h. ein Mann ohne festen Wohnsitz. Meister Hsu Yun war aus dem Yun Men-Kloster in Südchina gekommen und wusste noch nicht, wo er sich niederlassen würde. Das Yun Men-Kloster war das des Chan-Meisters Yun Men, des Gründers der gleichnamigen Schule, einer der fünf Chan-Sekten in China. Das Kloster wurde von Meister Hsu Yun wiederaufgebaut.

Ich zitiere Manjusri Bodhisattva, der vor sehr langer Zeit die Buddhaschaft erlangte und der Lehrer von sechzehn Prinzen war, von denen einer Amitabha Buddha war. Sakyamuni Buddha war auch sein Schüler, aber als Sakyamuni Buddha die Buddhaschaft erlangte, fing Manjusri an, ihm beim Unterrichten seiner Schüler zu helfen. So wissen wir, es gibt nur eine Gleichheit, die weder hoch noch niedrig ist. Macht also bitte keinen Fehler in Bezug auf all dies.

Während wir den Dharma lernen, sollten wir die zu diesem Zweck aufgestellten Regeln und Vorschriften respektieren und einhalten. Der ehrwürdige Abt hat die Erleuchtung anderer im Sinn, das Erklären von Sutras, das Abhalten von Chan-Versammlungen und die Verbreitung des Buddha-Dharmas. Dies ist in der Tat eine sehr seltene Gelegenheit.

Ihr alle habt den Sorgen und dem Durcheinander des Reisens getrotzt und euch große Mühe gegeben, um aus eigenem Antrieb zu diesen Einkehrtagen zu kommen. Das zeigt, dass ihr die Zurückweisung der Leidenschaften und den Wunsch nach Ruhe im Sinn habt.

In Wirklichkeit habt ihr und ich nur einen Geist, aber wegen des Unterschieds zwischen Verblendung und Erleuchtung gibt es Lebewesen, die von morgens bis abends ohne einen Tag der Ruhe beschäftigt sind. Wenn wir über diesen Zustand nachdenken, werden wir sehen, dass daraus kein Vorteil entstehen kann. Trotzdem gibt es Menschen, die den ganzen Tag beschäftigt sind und törichterweise an eine Fülle von Nahrung und Kleidung für sich selbst denken und darauf bedacht sind, Freude am Singen und Tanzen zu finden. Sie wollen, dass ihre Kinder und Enkel Ansehen und Wohlstand genießen. Selbst wenn sie im Begriff sind, ihren letzten Atemzug zu tun und zu Geistern zu werden, denken sie noch an Schutz und Wohlstand für ihre Kinder. Diese Menschen sind wirklich töricht und dumm.

Es gibt auch Menschen, die etwas über Gut und Böse und über Ursache und Wirkung wissen. Sie tun verdienstvolle Handlungen, die nur darin bestehen, buddhistische Zeremonien abzuhalten, den Mönchen Opfergaben zu reichen, Buddhastatuen in Auftrag zu geben und Tempel und Klostergebäude zu reparieren. Ihre Handlungen tragen zur weltlichen Sache[80] bei, und sie hoffen, in der nächsten Wiedergeburt mit Glück belohnt zu werden. Weil sie nichts über die leidenschaftslosen Verdienste wissen, die unübertroffen sind, führen sie sie nicht aus. Das Lotos-Sutra sagt: „In Meditation zu sitzen, selbst für eine kurze Zeit, ist besser als so viele Sieben-Schatz-Stupas zu errichten wie es Sandkörner im Ganges gibt." Denn diese Methode, in Meditation zu sitzen, wird uns befähigen, unsere Leidenschaften auszulöschen und Frieden in Geist und Körper zu haben, was zur vollständigen Verwirklichung der Selbst-Natur mit Befreiung von Geburt und Tod führt. Mit „eine kurze Zeit" ist ein Moment gemeint, der so kurz ist wie ein Augenblick (*ksana*). Wenn jemand seinen Geist reinigt und läutert

---

[80] Weltliche Ursache, *asrava* in Sanskrit, bedeutet „undichte" Ursache; innerhalb des Stroms der Leidenschaft, im Gegensatz zu *anasrava*, außerhalb des Stroms der Leidenschaft; kein Tropfen oder Leck.

und das Licht nach innen auf sich selbst richtet, wird sein Sitzen in der Meditation, selbst für einen Augenblick, ihn zumindest in die Lage versetzen, die direkte Ursache für die Erlangung der Buddhaschaft zu säen, wenn es auch nicht die unmittelbare Erkenntnis der Wahrheit gewährleistet. Seine endgültige Verwirklichung kann früher oder später erwartet werden. Wenn sein Üben effektiv ist, kann die Buddhaschaft in einem Augenblick erlangt werden. Aus diesem Grund sagte Ananda im *Surangama Sutra*: „Der *Dharmakaya* kann verwirklicht werden, ohne unzählige Äonen (*kalpa*) durchlaufen zu müssen."

Ihr und ich und alle anderen Menschen leben im Allgemeinen jedoch inmitten von Leidenschaften, von Freude und Ärger, von Gewinn und Verlust, von den fünf Begierden und dem Streben nach Genuss und Vergnügen. All diese Dinge werden nicht mehr gesehen und gehört, sobald wir diese Chan-Halle betreten, in der unsere sechs Sinne genau wie die sechs verletzlichen Teile der schwarzen Schildkröte sind, die sich in ihren Panzer zurückziehen, und in der nichts unseren Geist stören kann. Dies ist die Praxis des leidenschaftslosen Dharmas und ist auch der leidenschaftslose Dharma selbst. Daher können die Verdienste, die aus der Errichtung von so vielen Sieben-Schatz-Stupas resultieren, wie es Sandkörner im Ganges gibt, nicht mit denen verglichen werden, die aus einem Moment des Sitzens in Meditation resultieren. Das Gleichnis von der schwarzen Schildkröte stammt aus der Geschichte der fischfressenden Robbe, die versuchte, eine Schildkröte an der Küste zu fangen. Als die Schildkröte sah, dass sie angegriffen wurde, zog sie ihren Kopf, ihren Schwanz und ihre Beine in ihren Panzer zurück und entging so den Bemühungen der Robbe, sie zu beißen.

Wenn wir in dieser Welt kein Geld haben, machen wir uns Sorgen um unser Essen und unsere Kleidung, und wenn wir Geld haben, können wir uns nicht von unseren Leidenschaften befreien. So werden wir von der Robbe gefangen und gefressen. Wenn wir um die Gefahr wissen, der wir ausgesetzt sind, sollten wir unsere sechs Sinne unter Kontrolle bringen und das Licht auf uns selbst richten, damit wir von der Sterblichkeit befreit werden können. Vor zwei Tagen habe ich über die Lehre unserer Sekte gesprochen, die sich mit dem Rechten Dharma-Auge, dem Geist-Dharma des Tathagata und der Grundlage der Befreiung von Geburt und Tod befasst. Andere Dharma-Türen einschließlich des Vortragens von Sutras sind trotz ihrer Ziele, die darin bestehen, Glauben und Verständnis zu wecken, nur Beiwerk und bringen das vollkommene Erfahrungs-Verständnis nicht voran. Wenn das Sutra, das den Dharma erklärt, benutzt wird, um die Befreiung von Geburt und Tod zu gewährleisten, müssen noch zwei komplementäre Phasen durchlaufen werden: Praxis und Bezeugung, die sehr schwer zu erreichen sind. Aus diesem Grund sind nur sehr wenige Fälle von Menschen bekannt, die der Erläuterung von Sutras zuhörten oder anderen Dharma-Türen folgten und dadurch sofort vollständige Erleuchtung erlangten und transzendentale Kräfte erwarben. Diese Fälle waren im Vergleich zu denen der Chan-Sekte sehr selten. Unserer Sekte zufolge besaßen nicht nur Chan-Mönche und Laien (*upasaka*) unvorstellbare Fähigkeiten, sondern auch Chan-Nonnen verfügten darüber.

Der Chan-Meister Kuan Chi war ein Schüler von Lin Chi, aber er erkannte die Wahrheit nicht, obwohl er mehrere Jahre im Kloster seines Meisters verbracht hatte. Eines Tages verließ er seinen Meister, um andere Orte für Unterweisungen aufzusuchen. Als er in einem Nonnenkloster auf dem Berg Mo Shan ankam, meldete eine kleine Nonne seine Ankunft bei Chan-Bhiksuni Mo Shan, die ihre Dienerin schickte, um ihm folgende Frage zu stellen: „Ehrwürdiger Meister, kommt Ihr hierher, um Euch die Sehenswürdigkeiten anzusehen oder um den Buddha-Dharma zu lernen?" Kuan Chi antwortete, er sei gekommen, um den Buddha-Dharma zu lernen. Mo Shan sagte: „Wenn du wegen des Buddha-Dharma kommst, gibt es hier auch Regeln für das Schlagen der Trommel und das Aufsteigen zum Sitz." Daraufhin begab sie sich zu ihrem Sitz, aber Kuan Chi verbeugte sich nur und kniete nicht nieder. Mo Shan fragte ihn: „Welchen Ort hat der Ehrwürdige Bhiksu heute verlassen?" Er antwortete: „Ich habe den Eingang zur Straße verlassen." Sie fragte ihn: „Warum hast du ihn nicht zugedeckt?"[81] Kuan Chi konnte nicht antworten und kniete nieder, um seinen Respekt zu bezeugen. Er fragte: „Was ist

[81] Die Frage von Mo Shan bedeutet: Wenn du glaubst, dass du wirklich erleuchtet bist und auf das Knien verzichten kannst, dann solltest du deinen *Dharmakaya* verwirklicht haben, der alles durchdringt und auch den Eingang zur Straße bedeckt, denn er ist frei von Kommen und Gehen und verlässt nicht einen Ort, um zu einem anderen zu kommen.

Mo Shan?“ Sie antwortete: „Der obere Teil des Kopfes ist nicht entblößt.“[82] Er fragte: „Wer ist der Besitzer von Mo Shan (Berg)?“ Sie antwortete: „Er ist weder männlich noch weiblich.“ Er rief: „Warum verwandelt er sich nicht?“ Sie fragte zurück: „Er ist weder ein Geist noch ein Gespenst, in was sollte er sich verwandeln?“[83] Er konnte nicht antworten und unterwarf sich ihrer Autorität. Kuan Chi wurde Gärtner im Nonnenkloster, wo er drei Jahre blieb, in denen er vollständig erleuchtet wurde.

Später, als Kuan Chi in die Chan-Halle ging, um seine eigenen Schüler zu unterrichten, sagte er zu ihnen: „Als ich bei meinem Vater Lin Chi war, habe ich eine halbe Schöpfkelle bekommen, und als ich bei meiner Mutter Mo Shan war, habe ich eine weitere halbe Schöpfkelle bekommen, so dass ich eine volle Schöpfkelle erhalten habe, die es mir ermöglicht hat, meinen Hunger bis jetzt zu stillen.“ Obwohl Kuan Chi der Schüler von Lin Chi war, war er also auch der Dharma-Nachfolger von Mo Shan.

---

[82] Die Frage: „Was ist Mo Shan?“ bedeutet: „Wie ist der Zustand des erleuchteten Geistes im Nonnenkloster Mo Shan?“ Der Fragesteller wollte eine Beschreibung des *bodhi*-Geistes. Die Antwort der Nonne bezieht sich auf den kleinen Klumpen auf dem Kopf des Buddha, der von seinen Schülern nicht gesehen werden konnte. Mo Shan meinte, dass der Besucher, da er nicht erleuchtet war, ihren *Dharmakaya* nicht wahrnehmen konnte, der unbeschreiblich war.

[83] Als Kuan Chi nach dem Besitzer von Mo Shan fragte, antwortete diese, dass der Besitzer weder männlich noch weiblich sei, denn das Geschlecht habe nichts mit der Erleuchtung zu tun, und der *Dharmakaya* sei weder männlich noch weiblich. Im Allgemeinen hatten Frauen viel mehr Handicaps als Männer, und Kuan Chi schien wegen ihres Geschlechts auf sie herabzublicken und fragte sie, warum sie sich nicht in einen Mann verwandelt habe, wenn sie erleuchtet sei. Seine Frage zeigte, dass er immer noch einer Täuschung unterlag.

Wir können sehen, dass es unter den Nonnen auch Menschen mit echten Fähigkeiten gab. Auch hier sind viele Nonnen; warum treten sie nicht hervor, um ihre Fähigkeiten zu zeigen und den Rechten Dharma im Namen ihrer Vorgänger zu offenbaren? Der Buddha-Dharma preist die Gleichheit der Geschlechter, wir müssen uns nur bemühen, in unserem Üben nicht zurückzufallen, um diese seltene Gelegenheit nicht zu verpassen.

Die Alten sagten: „In hundert Jahren oder sechsunddreißigtausend Tagen[84], gibt es keinen ruhigen Moment, um Geist und Körper niederzulegen."

Seit zahllosen Äonen treiben wir im Meer der Sterblichkeit, weil wir unseren Körper und unseren Geist nie ablegen wollten, um Ruhe für unser Lernen und unsere Selbst-Kultivierung zu haben, mit dem Ergebnis, dass wir vom Rad der Seelenwanderung ohne Chance auf Befreiung gedreht wurden. Aus diesem Grund sollten wir alle Körper und Geist ablegen und für einen Moment in Meditation sitzen, in der Hoffnung, dass der Boden des Fasses aus schwarzem Lack abfallen wird und dass wir gemeinsam das Gesetz der Nichtgeburt[85] erfahren werden.

---

[84] Galt als die maximale Lebensspanne eines jeden Individuums.

[85] Gesetz der Nichtgeburt: wörtl. „Ausdauer, die zur persönlichen Erfahrung des Gesetzes der Nichtgeburt oder der Unsterblichkeit führt", d.h. des Absoluten, das jenseits von Geburt und Tod liegt, wobei grenzenlose Geduld oder Ausdauer erforderlich ist, um den wandernden Geist zu bändigen.

Der zweite Tag

Dies ist der zweite Tag von der zweiten Chan-Woche. Die wachsende Zahl derer, die zu diesem Treffen kommen, zeigt, wie gutherzig die Menschen in Shanghai wirklich sind und wie hervorragend ihre gesegneten Tugenden sind. Es zeigt sich auch, dass jeder Mensch eine Abneigung gegen Störungen hat, verursacht durch Leidenschaften, und sich nach der Ruhe sehnt, die man in der Meditation findet, und dass jeder Mensch den Wunsch hat, dem Kummer zu entkommen und das Glück zu suchen. Im Allgemeinen gibt es in dieser Welt mehr Leid als Glück, und da die Zeit sehr schnell vergeht, vergeht die kurze Zeitspanne von mehreren Jahrzehnten im Handumdrehen. Selbst wenn man 800 Jahre leben kann wie Peng Tsu[86], ist diese Zeitspanne in den Augen des Buddha-Dharma immer noch kurz. Weltliche Menschen, die das Alter von siebzig Jahren erreichen können, werden jedoch selten gesehen. Da ihr und ich wissen, dass diese kurze Zeitspanne wie eine Illusion und eine Verwandlung ist und wirklich nicht wert, dass wir daran festhalten, sind wir zu dieser Chan-Woche gekommen, und das ist sicherlich darauf zurückzuführen, dass wir in unseren früheren Transmigrationen gute Wurzeln geschlagen haben.

Diese Methode der Selbst-Kultivierung erfordert einen beständigen Geist. Früher erreichten alle Buddhas und Bodhisattvas ihr Ziel, nachdem sie viele Äonen in der Selbst-Kultivierung verbracht hatten.

[86] Der Methusalem von China.

Das Kapitel des *Surangama Sutra* über „Avalokitesvaras vollständige Erleuchtung“ besagt:

„Ich erinnere mich, dass lange vor dem Verstreichen einer so unüberschaubaren Anzahl von Äonen, wie es Sandkörner im Ganges gibt, ein Buddha mit dem Namen Avalokitesvara in der Welt erschien. Damals entwickelte ich den *bodhi*-Geist, und für meinen Eintritt in *samadhi* wurde ich von ihm angewiesen, Selbst-Kultivierung durch die Fähigkeit des Hörens zu praktizieren.“

Aus der obigen Aussage können wir erkennen, dass Avalokitesvara Bodhisattva sein Ziel nicht in einem oder zwei Tagen erreicht hat. Gleichzeitig erzählte er uns deutlich von der Methode seiner Ausbildung. Er war das Oberhaupt der Gruppe von fünfundzwanzig „Großen“, die die vollständige Erleuchtung erlangten. Seine Methode bestand in der Selbst-Kultivierung des Gehörs, die es ihm ermöglichte, die Fähigkeit des Hörens in Vollkommenheit umzuwandeln, was zu *samadhi* führte; *samadhi* bedeutet der Zustand der Ungestörtheit. Deshalb fuhr er fort:

> „Zu Beginn wird das Gehör in den Strom der Meditation gerichtet und so von seinem Objekt losgelöst.“

Diese Methode besteht darin, das Gehör nach innen auf die Selbst-Natur zu richten, um die Selbst-Natur zu hören, so dass die sechs Sinne nicht nach außen wandern, um mit den sechs äußeren Objekten in Berührung zu kommen. Dies ist die Sammlung der sechs Sinne in der Dharma-Natur. Dann fuhr er fort:

> „Durch die Auslöschung (des Konzepts) sowohl des Geräuschs als auch des Stromeintritts wurden sowohl Störung als auch Stille nicht-existent."

Er sagte weiterhin:

> „Schritt für Schritt vorankommend, gelangten sowohl Hören als auch sein Objekt ans Ende. Aber ich habe nicht aufgehört, wo sie endeten."

Er meinte, dass wir nicht zulassen sollten, dass unser Üben, indem wir unser Gehör nach innen auf die eigene Natur richten, zum Stillstand kommt; er wollte, dass wir Schritt für Schritt vorankommen und zusätzliche Anstrengungen unternehmen, um eine andere Stufe zu erreichen, über die er Folgendes sagte:

> „Als das Gewahrsein dieses Zustands und dieser Zustand selbst als nicht-existent erkannt wurden, wurde das Bewusstsein der Leere allumfassend. Nach der Eliminierung von Subjekt und Objekt in Bezug auf die Leere wurde aus dem Verschwinden von Schöpfung und Vernichtung der Zustand des Nirwana manifest."

Dieser Zustand resultiert aus der Schulung, die darin besteht, das Ohr nach innen zu richten, um die Selbst-Natur zu hören; nachdem alle Arten von Schöpfung und Vernichtung als nicht-existent erkannt wurden, wird sich der wahre Geist manifestieren. Dies ist die Bedeutung des Spruches: „Wenn der verrückte Geist zum Stillstand gebracht wird, ist es *bodhi* (d.h. vollkommene Weisheit)."

Nachdem er diese Stufe erreicht hatte, sagte Avalokitesvara Bodhisattva: „Plötzlich übersprang ich sowohl das Weltliche als auch das Überweltliche, erkannte eine allumfassende Helligkeit, die die zehn Richtungen durchdringt, und erwarb zwei unübertroffene Verdienste. Das erste entsprach dem grundlegenden, tief erleuchteten Geist eines Buddhas hoch oben in den zehn Richtungen, der die gleiche barmherzige Kraft wie der Tathagata besaß. Das zweite war in Sympathie mit allen Lebewesen in den sechs Daseinsbereichen, hier unten in den zehn Richtungen, und teilte mit ihnen die gleiche Inbrunst des Mitempfindens."

Wenn wir heute die buddhistische Lehre für unsere Selbst-Kultivierung studieren, sollten wir zuerst unsere Schulung erfolgreich abschließen, indem wir alle Lebewesen von unserer Begierde, Dummheit, Arroganz und unserem Zorn befreien und den grundlegend reinen und sauberen, tiefgründigen, erleuchteten wahren Geist verwirklichen.[87] Nur dann können wir

[87] Die tiefe Erleuchtung des Mahayana oder die Selbst-Erleuchtung zur Erleuchtung anderer. Die 51. und 52. Stufe der Erleuchtung eines Bodhisattvas bzw. die beiden höchsten Formen der Buddha-Erleuchtung sind: (1) *samyak-sambodhi*

das Buddha-Werk hoch oben zur Erlösung der Lebewesen hier unten verrichten, wie es Avalokitesvara Bodhisattva tat, der sich in zweiunddreißig verschiedenen Formen manifestieren konnte, von denen jede für die Befreiung des entsprechenden Individuums geeignet war; und nur dann können wir die erforderlichen transzendentalen Kräfte besitzen. Avalokitesvara Bodhisattva kann in der Welt als Junge oder als Mädchen erscheinen, aber die weltlichen Menschen wissen nicht, dass er bereits die Buddhaschaft erlangt hat, kein Geschlecht hat und weder ein Ego noch eine Persönlichkeit ist, sondern nur als Antwort auf jede individuelle Potentialität eine bestimmte Erscheinung annimmt. Wenn ein weltlicher Mensch in China den Namen des Bodhisattvas hört, entstehen Gedanken der Hingabe und Verehrung für ihn. Dies ist darauf zurückzuführen, dass er in seinen früheren Leben seinen Namen wiederholt hat, so dass die Samen, die zuvor auf dem Feld seines Vorratsbewusstseins (*alaya-vijnana*) gesät wurden, sich nun in ihm entwickeln. Aus diesem Grund sagt das Sutra: „Nach dem Eintritt durch das Gehör wird der *bodhi*-Same für immer gesät."

Heute, da wir hierher gekommen sind, um uns selbst zu rühmen und Selbst-Kultivierung zu üben, sollten wir uns auf den Dharma des Höchsten Fahrzeugs verlassen, der von allen Buddhas und Bodhisattvas praktiziert und erfahren wird. Dieser

---

oder absolute universelle Erleuchtung, Allwissenheit, und (2) die tiefe Erleuchtung des Mahayana oder Selbst-Erleuchtung zur Erleuchtung anderer. Die erste ist die „Ursache" und die zweite ist die „Frucht", und ein Bodhisattva wird ein Buddha, wenn die „Ursache vollständig und die Frucht voll ist".

Dharma besteht darin, den grundlegenden Tiefgründigen Erleuchteten Geist klar zu erkennen, d.h. die Wahrnehmung der Selbst-Natur, die zur Erlangung der Buddhaschaft führt. Wenn dieser Geist nicht erkannt wird, kann die Buddhaschaft niemals erlangt werden. Um den Geist zu erkennen, sollten wir mit der Ausführung tugendhafter Taten beginnen. Wenn wir jeden Tag, von morgens bis abends, alle guten Handlungen ausführen und uns von bösen Taten fernhalten, werden wir Verdienste ansammeln; und wenn wir darüber hinaus ständig ein *huatou* in unserem Geist halten, werden wir in der Lage sein, in einem Augenblick des Denkens den Zustand der Nichtgeburt zu verwirklichen und dadurch augenblicklich die Buddhaschaft zu erlangen.

Liebe Freunde, bitte nutzt eure Zeit gewinnbringend und lasst keine falschen Gedanken in eurem Geist aufkommen. Jetzt ist es an der Zeit, ein *huatou* für eure Selbst-Kultivierung zu entwickeln.

Erläuternde Anmerkung:

Als der Buddha das *Surangama Sutra* darlegte, befahl er den fünfundzwanzig anwesenden „Erleuchteten“, über die verschiedenen Mittel zu sprechen, mit denen sie Erleuchtung erlangt hatten, damit die Versammlung etwas von ihnen lernen konnte. Zunächst gab es Erklärungen von vierundzwanzig der „Erleuchteten“ über ihre Verwirklichung des Wirklichen mittels der sechs *guna*: (1) Klang, (2) Anblick, (3) Geruch, (4) Geschmack, (5) Berührung und (6) Idee; der fünf Sinnesorgane: (7) Auge, (8) Nase, (9) Zunge, (10)

Körper und (11) Geist; der sechs Wahrnehmungen von: (12) Auge, (13) Ohr, (14) Nase, (15) Zunge, (16) Körper und (17) Geistesvermögen; und der sieben grundlegenden Elemente (18) Feuer, (19) Erde, (20) Wasser, (21) Wind, (22) Raum, (23) Wissen und (24) Wahrnehmbarkeit. Dann erklärte Avalokitesvara Bodhisattva, dass er die Erleuchtung durch (25) das Sinnesorgan des Gehörs erlangte. Um Ananda und die Versammlung zu unterrichten, fragte der Buddha den Manjusri nach seiner Meinung zu diesen fünfundzwanzig Methoden. Manjusri lobte die von Avalokitesvara angewandte Methode und sagte, dass er selbst sie auch für seine eigene Erleuchtung benutzt habe und dass sie für die Menschen am besten geeignet sei.

Das Folgende ist ein Kommentar zu den Versen des *Surangama Sutra*:

> „Zu Beginn wurde das Hören in den Strom gerichtet und so das Organ von seinem Gegenstand gelöst."

Dies war die Hinwendung des Ohres zur eigenen Natur, um sie zu hören, so dass das Hören und sein Objekt, d.h. der Klang, losgelöst wurden. Wenn das Hören auf diese Weise unter Kontrolle gebracht wurde, hatten die anderen fünf Sinne keine Chance, nach außen zu wandern, um mit den entsprechenden äußeren Objekten in Kontakt zu kommen. Mit Strom ist hier der nach innen gerichtete Strom der Meditation oder der richtigen Konzentration gemeint.

Der Geist wurde unter Kontrolle gebracht, um ihn von äußeren Störungen zu befreien. Kann er wirklich kontrolliert werden, indem man ihn dazu benutzt, das Ohr nach innen zu richten, um die eigene Natur zu hören? Der Geist war bereits gestört, als er nach innen gerichtet wurde. Deshalb sollten Anstrengungen unternommen werden, ihn von Störungen zu befreien, damit Stille herrschen kann.

> „Durch die Auslöschung (des Konzepts) sowohl des Klangs als auch des Stromeintritts werden sowohl Störung als auch Stille eindeutig nicht-existent."

Da der Klang und der Strom als nicht-existent erkannt sind, werden sowohl die Störung als auch die Stille nicht-existent. Der Geist wird so von den *guna*, den Empfindungsdaten, losgelöst.

> „Auf diese Weise Schritt für Schritt vorankommend, gelangten sowohl das Hören wie auch sein Gegenstand zu einem Ende; aber ich hörte nicht auf, wo sie endeten."

Durch zusätzliche Anstrengungen kam ich Schritt für Schritt weiter, bis sowohl das Hören als auch der Ton völlig zum Erliegen kamen. Ich blieb jedoch nicht dabei stehen. Auf diese Weise wurde der Geist von den Sinnesorganen losgelöst. Dann erschien die Leere, derer sich der Meditierende bewusst war. Dieses unvollständige oder teilweise Gewahrsein sollte ebenfalls ausgelöscht werden.

> „Als das Gewahrsein dieses Zustands und dieser Zustand selbst als nicht-existent erkannt waren, wurde das Bewusstsein der Leere allumfassend. Nach dem Auslöschen von Subjekt und Objekt in Bezug auf die Leere verschwanden Schöpfung und Vernichtung und das Stadium des Nirwana wurde manifest."

Mit weiterem Fortschritt erkannte der Meditierende, dass sowohl das unvollständige Gewahrsein (Subjekt) der Leerheit als auch die Leerheit selbst (Objekt) nicht existent waren. Nach der Beseitigung von Subjekt und Objekt, die sich auf die falsche Vorstellung von relativer Leerheit bezogen, wurde das vollständige Gewahrsein der absoluten Leerheit allumfassend, was das Ende der dualen Vorstellung von Erschaffung und Vernichtung selbst subtiler Phänomene sicherstellte, die nur auf dieser letzten Stufe der Meditation wahrnehmbar waren, wie relative Leerheit und unvollständiges Gewahrsein, die nur Schöpfungen des Geistes waren. Da die Schöpfung nur als relativer Begriff existierte und auf die Vernichtung folgte, wurde der Geist, solange diese Dualität existierte, immer noch in Knechtschaft gehalten. Da dieses Gegensatzpaar nun nicht mehr existierte, wurde das Bewusstsein vollständig. Als diese letzte Stufe erreicht war, wurde der daraus resultierende Zustand des Nirwana manifestiert. Diese Stufe gewährleistete den augenblicklichen Sprung über das Weltliche und Überweltliche, als der

Meditierende die allumfassende Erleuchtung der absoluten Weisheit erlangte.

Auch Meister Han Shan folgte dieser Methode und erlangte *samadhi* während seines Aufenthaltes auf dem Fünfspitzigen Berg.

Das Halten eines *huatou* befähigt einen Chan-Schüler auch dazu, die Loslösung seines Geistes von den *guna* oder äußeren Objekten, den Sinnes-Organen, unvollständigem Gewahrsein oder innerem Subjekt und relativer Leerheit zu verwirklichen, mit demselben Ziel, die absolute Leerheit des vollständigen Gewahrseins oder der Weisheit zu erlangen.

Der dritte Tag

Dies ist der dritte Tag dieser zweiten Chan-Woche. Diejenigen, die bereits mit diesem Üben vertraut sind, können ihren Geist immer kontrollieren, egal wo sie sich gerade befinden, ob inmitten von Unruhe oder in der Stille. Für sie gibt es keinen Unterschied zwischen der ersten und zweiten Woche oder zwischen dem zweiten und dritten Tag. Aber diejenigen, die Anfänger sind, sollten sich bemühen, Fortschritte in ihrer Ausbildung zu machen, die sie nicht leichtfertig durchlaufen sollten, um ihre kostbare Zeit nicht zu verschwenden. Ich werde den Anfängern nun eine andere Geschichte erzählen und hoffe, dass sie ihr aufmerksam zuhören werden.

In jeder Chan-Halle gibt es eine Statue eines Bodhisattvas, der „Heiliger Mönch" genannt wird. Er war ein Cousin des Tathagata Sakyamuni und sein Name war Arya Ajnata Kaundinya. Als der Verehrte der Welt seine Heimat verließ, schickte sein Vater drei väterliche und zwei mütterliche Clanmitglieder, um im Himalaya nach dem Buddha zu suchen. Dieser Cousin war einer der beiden mütterlichen Sippenmitglieder. Nachdem der Verehrte der Welt die Erleuchtung erlangt hatte, ging er zum Mrgadava-Park (Hirschpark), wo er die Vier Edlen Wahrheiten darlegte und wo dieser Cousin der erste Schüler war, der zur Wahrheit erwachte. Dieser Cousin war auch einer seiner bedeutendsten Schüler und der erste, der sein Zuhause verließ. Aus diesem Grund wurde er der „Heilige Mönch" genannt. Er war als das Oberhaupt der Sangha bekannt. Seine Methode der Selbst-Kultivierung ist im *Surangama Sutra* klar beschrieben, das besagt:

„Nachdem ich die Erleuchtung erlangt hatte, ging ich zum Mrgadava-Park, wo ich Ajnata Kaundinya und den anderen fünf Bhiksus sowie euch, den vier *varga*[88], erklärte dass es allen Lebewesen nicht gelungen ist, die Erleuchtung (*bodhi*) zu verwirklichen und die Arhatschaft zu erlangen, weil sie irregeführt wurden durch fremden Staub, der beim Eintritt in den Geist Kummer und Täuschung verursacht. Was hat damals euer Erwachen zur Wahrheit bewirkt, damit ihr jetzt die heilige Frucht (Nirwana) erlangt?"

Dies war der Vortrag des Buddha über die Ursache unseres Versagens, *bodhi* zu verwirklichen und die Arhatschaft zu erlangen. Er fragte auch seine Hauptschüler in der Versammlung nach den Methoden, die sie für ihr Erwachen zur Wahrheit benutzten. Zu die-

---

[88] Die vier *varga*, Gruppen oder Orden, d.h. *bhiksu*, *bhiksuni*, *upasaka* und *upasika*: Mönche, Nonnen, männliche und weibliche Laien.

ser Zeit kannte nur Ajnata Kaundinya diese Methode. So erhob er sich von seinem Sitz und antwortete dem Weltverehrten wie folgt:

„Ich bin jetzt der Älteste in der Versammlung und der Einzige, der die Kunst des Erklärens erworben hat, weil ich zu den beiden Worten ‚fremder Staub' erwacht bin, die mich zur Erlangung der heiligen Frucht geführt haben."

Nachdem er dies gesagt hatte, gab er dem Weltverehrten die folgende Erklärung dieser beiden Worte:

„Weltgeehrter, fremder Staub ist wie ein Gast, der in einem Gasthaus anhält, wo er übernachtet oder seine Mahlzeit einnimmt, und sobald er dies getan hat, packt er seine Sachen und setzt seine Reise fort, weil er keine Zeit hat, länger zu bleiben. Der Wirt des Gasthauses kann nirgendwo hingehen. Daraus schließe ich, dass derjenige, der nicht bleibt, ein Gast und derjenige, der bleibt, ein Gastgeber ist. Folglich ist eine Sache ‚fremd', wenn sie nicht bleibt.

Wenn bei klarem Himmel die Sonne aufgeht und ihr Licht durch eine Öffnung ins Haus fällt, sieht man, wie sich der Staub im Lichtstrahl bewegt, während der leere Raum unbewegt bleibt. Daher ist das, was still ist, die Leere und das, was sich bewegt, der Staub."

Wie deutlich hat er die beiden Worte „Gastgeber" und „Gast" erklärt! Ihr solltet wissen, dass diese Geschichte uns zeigt, wie wir unser Üben beginnen sollten. Mit anderen Worten: Der wahre Geist ist der Gastgeber, der sich nicht bewegt, und der sich bewegende Gast ist unser falsches Denken, das mit Staub verglichen wird. Staub ist sehr fein und tanzt in der

Luft. Er ist nur sichtbar, wenn das Sonnenlicht durch die Tür oder eine Öffnung eintritt. Das bedeutet, dass falsche Gedanken in unserem Geist im normalen Denkprozess nicht wahrnehmbar sind. Sie werden nur wahrnehmbar, wenn wir während unseres Übens in Meditation sitzen. Inmitten des unaufhörlichen Auf- und Abstiegs gemischter Gedanken und im Tumult des falschen Denkens werdet ihr, wenn euer Üben nicht effizient ist, nicht in der Lage sein, als Wirt zu fungieren; dann scheitert ihr daran, Erleuchtung zu erlangen, und treibt umher im Ozean von Geburt und Tod, in dem ihr in eurer gegenwärtigen Seelenwanderung ein Schmidt seid und in der nächsten Seelenwanderung ein Müller sein werdet. Ihr werdet also genau wie ein Gast sein, der in einem Gasthaus einkehrt und nicht für immer dort bleiben kann. Der wahre Geist verhält sich jedoch nicht auf diese Weise; er kommt und geht nicht, wird nicht geboren und stirbt nicht. Er bewegt sich nicht, sondern bleibt unbeweglich, daher der Gastgeber. Dieser Wirt ist vergleichbar mit der unveränderlichen Leere, in der der Staub tanzt. Er ist auch wie der Wirt eines Gasthauses, der immer dort bleibt, weil er nirgendwo anders hingehen kann.

Staub ist wie eine der Leidenschaften und kann nur dann vollständig ausgelöscht werden, wenn man die Bodhisattva-Stufe erreicht. Mit Falschheit ist Illusion gemeint. Es gibt achtundachtzig Arten von illusorischen Ansichten und einundachtzig Arten von illusorischen Gedanken. Diese irreführenden Ansichten kommen von den fünf dummen Versuchungen[89], und in der Selbst-Kultivierung sollte man sie alle auslöschen, um die erste Stufe des Arhat (*srota-apanna*) zu erreichen. Dies ist das Schwierigste, was man tun kann, denn das Abschneiden der illusorischen Ansichten wird mit dem Abschneiden oder Anhalten des Flusses eines vierzig Meilen langen Stroms verglichen. Wir können also sehen, dass wir ein großes Maß an Stärke in unserem Üben haben sollten. Wir können die Arhatschaft nur erlangen, wenn es uns gelungen ist, alle irreführenden Gedanken auszuschalten. Diese Art der Selbst-Kultivierung ist ein allmählicher Prozess.

In unserer Chan-Schulung müssen wir uns nur eines *huatou* bedienen, das hell und lebendig gehalten werden und dem man niemals erlauben sollte, undeutlich zu werden. Alle irreführenden Ansichten und Gedanken werden so durch das *huatou* mit einem Schlag abgeschnitten, zurück bleibt nur etwas wie der wolkenlose blaue Himmel, an dem die helle Sonne aufgeht. Dies ist die Helligkeit der Selbst-Natur, wenn sie sich manifestiert.

Dieser Heilige (*arya*) wurde zu dieser Wahrheit erweckt und erkannte den ursprünglichen Gastgeber. Der erste Schritt in unserem heutigen Üben besteht darin, sich der Tatsache bewusst zu werden, dass der fremde Staub (oder Gast) sich bewegt, während der Wirt unbeweglich ist. Wenn wir dies nicht klar verste-

---

[89] Die fünf dummen Versuchungen, oder *panca-klesa* in Sanskrit, d.h. die fünf dumpfen, unintelligenten Laster: Verlangen, Ärger oder Groll, Dummheit oder Torheit, Arroganz und Zweifel.

hen, werden wir nicht wissen, wo wir mit unserem Üben beginnen sollen, und wir werden nur unsere Zeit verschwenden wie bisher.

Ich hoffe, dass ihr alle den obigen Ausführungen große Aufmerksamkeit schenken werdet.

Der vierte Tag

Es ist sehr schwierig, dem unübertroffenen Tiefgründigen Dharma in hundert, tausend oder zehntausend Äonen zu begegnen, und die gegenwärtige Gelegenheit, dass wir uns zu einer Chan-Woche in diesem Kloster des Jadebuddhas versammeln, wird wirklich aus einer unübertroffenen zusammenführenden Ursache geboren. Die Tatsache, dass Laienmänner und -frauen aus allen Richtungen in wachsender Zahl zu diesem Treffen gekommen sind, um die direkte Ursache für die Erlangung der Buddhaschaft zu säen, beweist, dass diese Gelegenheit nur selten gegeben ist.

Der Buddha Sakyamuni sagte im Lotus-Sutra: „Wenn die Menschen mit verstörtem Geist einen Stupa oder einen Tempel betreten und rufen: ‚Namo Buddhaya!‘, werden sie die Buddhaschaft erlangen."

In einem kurzen Zeitraum von mehreren Jahrzehnten merken weltliche Menschen nicht, wie die Zeit vergeht. Diejenigen, die Geld haben, streben nach Wein, Sex und Wohlstand. Diejenigen, die kein Geld haben, müssen hart für ihre Nahrung, Kleidung, Unterkunft und Reisen arbeiten. So haben sie selten einen Momente der Muße und des Komforts, und ihre Leiden sind unbeschreiblich. Wenn sie jedoch zufällig einen buddhistischen Tempel betreten, werden sie in der majestätischen Stille des Tempels Glück finden. Sie betrachten die Statuen von Buddhas und Bodhisattvas und wiederholen vielleicht wahllos den Namen Buddhas; oder sie sind beeindruckt von der plötzlichen Ruhe ihres vorübergehend gereinigten Geistes und preisen die Glückseligkeit des Tathagata, die so selten anderswo zu finden ist. All dies kommt daher, dass sie in ihren früheren Transmigrationen sehr tiefe, gute Wurzeln erworben haben, und stellt die Ursache für ihre zukünftige Erlangung der Buddhaschaft dar. Denn im Allgemeinen ist das, was ihre Augen sehen wollen, nur Fröhlichkeit; was ihre Ohren hören wollen, sind nur Lieder und Musik, und was ihre Münder schmecken wollen, sind nur saftige Gerichte und seltene Köstlichkeiten. All dies beschmutzt ihr Denken, und dieses verunreinigte Denken erzeugt einen gestörten Geist, den verblendeten Geist von Geburt und Tod. Wenn man nun in einem Stupa oder einem Tempel die Möglichkeit hat, den Namen Buddhas zu rufen, ist dies der erwachte Geist, der reine Geist und der *bodhi*-Same, der zur Erlangung der Buddhaschaft führt. Das Sanskrit-Wort „Buddha“ bedeutet „der Erleuchtete“, d.h. jemand, der vollständig erleuchtet ist und sich nicht mehr in Täuschungen befindet. Wenn die Selbst-Natur rein und unbefleckt ist, besitzt man den erwachten Geist.

Heute kommen wir nicht wegen Ruhm und Reichtum hierher – es ist unsere erwachende Kraft, die sich manifestiert. Allerdings gibt es viele, die von der Chan-Woche hören, aber nichts über ihre wahre Bedeutung wissen. Sie kommen zu diesem geschäftigen Treffen, um ihre Neugierde zu befriedigen, und das ist sicherlich nicht der höchste Geist. Jetzt, da ihr an diesen Ort gekommen seid, seid ihr wie diejenigen, die zum Berg der kostbaren Edelsteine kommen, und ihr solltet nicht mit leeren Händen zurückkehren. Ihr solltet den höchsten Wahrheits-Geist entwickeln und während der Zeit des Abbrennens eines Räucherstäbchens in Meditation sitzen, um die direkte Ursache für das Erlangen der Buddhaschaft zu säen und später Buddhas zu werden.

Früher hatte Buddha Sakyamuni einen Schüler, dessen Name Subhadra war.[90] Er war sehr arm und ganz allein, ohne jemanden, der ihn unterstützte. Sein Herz war voller Traurigkeit und er wollte dem Buddha als sein Schüler folgen. Eines Tages ging er zum Ort des Weltverehrten, aber es geschah, dass dieser nicht dort war.

Nachdem sie Subhadras frühere Transmigrationen untersucht hatten, um herauszufinden, ob es eine mitwirkende Ursache gab, fanden die Hauptschüler Buddhas heraus, dass er in den vergangenen 80.000 Äonen keine guten Wurzeln gepflanzt hatte. Daraufhin beschlossen sie, ihn nicht bleiben zu lassen und schickten ihn weg. Mit einem Herzen voller Traurigkeit verließ Subhadra den Ort; als er eine ummauerte Stadt erreichte, dachte er, dass es für ihn besser wäre, sich selbst zu töten, indem er seinen Kopf gegen die Mauer schlug, wenn doch sein Karma so schlecht war. Als er im Begriff war, Selbstmord zu begehen, traf der Weltverehrte zufällig dort ein und fragte ihn nach sei-

[90] Der letzte Bekehrte des Buddha, „ein 120 Jahre alter Brahmane“.

ner Absicht. Subhadra erzählte dem Weltehrwürdigen seine Geschichte; dieser nahm ihn als seinen Schüler an. Sie kehrten gemeinsam an den alten Ort zurück, wo sieben Tage später Subhadra die Arhatschaft erlangte. Die Hauptschüler kannten die Ursache von Subhadras Erlangen nicht und fragten den Weltverehrten danach.

Der Ehrwürdige der Welt sagte zu ihnen: „Ihr wisst nur Dinge, die in den letzten 80.000 Äonen geschehen sind, aber davor hatte Subhadra schon gute Wurzeln geschlagen. Damals war er auch sehr arm und sammelte Brennholz, um seinen Lebensunterhalt zu bestreiten. Eines Tages begegnete er in den Bergen einem Tiger, und als er sah, dass ihm die Flucht abgeschnitten war, kletterte er eilig auf einen Baum. Als der Tiger sah, dass er auf dem Baum war, begann er daran zu nagen, um ihn zu fällen. In diesem kritischen Moment, als niemand zu seiner Rettung kam, dachte Subadhra plötzlich an den großen, erleuchteten Buddha, der die Kraft des Mitgefühls besaß und alle Leidenden retten konnte. Daraufhin rief er: ‚*Namo Buddhaya!* Komm schnell, um mich zu retten!' Als er den Ruf hörte, ging der Tiger weg und verletzte Subhadras Leben nicht. So säte dieser die unmittelbare Ursache der Buddhaschaft, die heute reif wurde, und so erreichte er die Arhat-Stufe."

Nachdem sie die Geschichte gehört hatten, waren alle Schüler erfreut und lobten die wunderbare Leistung des armen Mannes.

Heute treffen wir uns hier unter günstigen Umständen, und wenn wir während der Zeit, in der ein ganzes Räucherstäbchen verbrannt wird, in Meditation sitzen können, wird unser resultierendes gutes Karma das in der obigen Geschichte Erzählte um ein Vielfaches übersteigen. Wir sollten diese Meditation niemals als Kinderspiel betrachten. Wenn wir hierher kommen, um nur eine geschäftige Versammlung zu sehen, werden wir einfach eine sehr gute Gelegenheit verpassen.

Der fünfte Tag

Diejenigen von euch, die einen tiefgläubigen Geist haben, bemühen sich natürlich um ihr Üben in dieser Halle. Die ehrwürdigen Gruppenleiter, die in dieser Selbst-Kultivierung Erfahrung haben, sind bereits damit vertraut. Erfahrene Männer müssen jedoch das Zusammenspiel von Aktivität (Phänomen) und Prinzip (Noumenon)[91] kennen. Sie sollten es untersuchen und dafür sorgen, dass sie die ungehinderte Wechselbeziehung zwischen dem Noumenalen und dem Phänomenalen sowie dem Unveränderlichen und dem Veränderlichen erfahren. Sie sollten nicht wie Tote sitzen; sie sollten niemals in die Leere eintauchen und sich an die Stille klammern, mit Freude an ihr. Wenn sie

[91] D.h. Praxis und Theorie; die Phänomene verändern sich ständig; das zugrundeliegende Prinzip, das absolut ist, verändert sich nicht und wirkt nicht; es ist das *Bhutatathata*. Wenn wir eine Fahne im Wind wehen sehen, wissen wir, dass sich in der Theorie nur der Geist bewegt und nicht der Wind oder die Fahne. In der Praxis können wir nicht leugnen, dass der Wind weht und die Fahne sich bewegt. Wir wissen auch, dass in der Theorie der Geist, der Wind und die Fahne nur ein ungeteiltes Ganzes sind. Wie können wir nun eine Erkenntnis dieser Einheit erfahren? Wenn es uns nicht gelingt, sie zu erfahren, werden wir auch bei unserer Selbst-Kultivierung hinterherhinken. Dies ist die wichtigste Phase der Meditation, die nur erreicht werden kann, wenn wir unseren Gefühlen und unserer Unterscheidung ein Ende setzen.

sich an der stillen Umgebung erfreuen und den Austausch von Praxis und Theorie nicht erkennen, sind sie wie Fische in stehendem Wasser, die keine Hoffnung haben, über das Drachentor zu springen.[92] Sie sind auch wie Fische in gefrorenem Wasser, und dies ist eine fruchtlose Art des Übens.

In diesem Üben sollten Anfänger ernsthaft in ihrem Wunsch sein, Geburt und Tod zu entkommen, und einen großen Kasteiungs-Geist entwickeln, indem sie alle Arten von produktiven Ursachen ablegen.[93] Nur dann kann ihr Üben effektiv sein. Wenn sie nicht in der Lage sind, diese Ursachen abzulegen, wird der Kreislauf von Geburt und Tod niemals zu einem Ende kommen. Denn da wir von den sieben Emotionen und den sechs sexuellen Anziehungen getäuscht wurden[94], befinden wir uns nun von morgens bis abends inmitten von Klängen und Formen, ohne den dauerhaften wahren Geist zu kennen; daher unser Sturz in den bitteren Ozean von Geburt und Tod. Da wir nun zu der Tatsache erwacht sind, dass es in allen weltlichen Situationen nur Leiden gibt, können wir sicherlich alle unsere Gedanken daran ablegen und dadurch an Ort und Stelle die Buddhaschaft erlangen.

---

[92] Im alten China glaubte man, dass einige Fische, vor allem Karpfen, aus dem Meer springen und zu Drachen werden können. Eine Metapher, die bedeutet, dass diese Meditationen niemals Befreiung erlangen werden.

[93] D.h. alle Ursachen, einschließlich Gefühle und Leidenschaften, die Wirkungen hervorbringen und zum sich drehenden Rad der Geburten und Tode beitragen.

[94] Die sieben Emotionen sind: Vergnügen, Ärger, Trauer, Freude, Liebe, Hass und Verlangen. Die sechs Attraktionen ergeben sich aus Farbe, Form, Haltung, Stimme oder Sprache, Weichheit oder Glätte und Gesichtszügen.

Der sechste Tag

In dieser Chan-Halle habe ich festgestellt, dass viele männliche und weibliche Teilnehmer nur Anfänger sind, die die Regeln und Vorschriften nicht kennen und deren unbändiges Verhalten die ruhige Meditation der anderen stört. Wir haben jedoch das Glück, dass der ehrwürdige Abt sehr mitfühlend ist und alles tut, was er kann, um uns zu helfen, unser religiöses Karma zu verwirklichen.

Außerdem haben die Gruppenleiter einen unübertroffenen, auf den richtigen Weg ausgerichteten Geist entwickelt, um uns zu führen, damit wir uns einer angemessenen Schulung unterziehen können. Dies ist in der Tat eine Gelegenheit, die sich in Myriaden von Äonen nur selten bietet.

Deshalb sollten wir uns entschlossen bemühen, in unserem inneren und äußeren Üben weitere Fortschritte zu machen. In unserem inneren Üben sollten wir uns entweder gezielt auf das *huatou* konzentrieren: „Wer ist der Wiederholer von Buddhas Namen?", oder den Namen von Amitabha Buddha wiederholen, ohne Begierde, Ärger, Dummheit und alle Arten von Gedanken aufkommen zu lassen, damit die Dharma-Natur des *Bhutatathata* sich manifestieren kann.

In unserem äußeren Üben sollten wir die Lebenden nicht töten, sondern alle Lebewesen befreien; wir sollten die zehn Übel[95] in zehn gute Tugenden umwandeln[96]. Wir sollten kein Fleisch essen und keine alko-

---

[95] Die zehn Übel sind: Töten, Stehlen, Ehebruch, Lügen, Doppelzüngigkeit, grobe Sprache, schmutziges Gerede, Habgier, Zorn und perverse Ansichten.

[96] Die zehn guten Tugenden sind die Nichtverpflichtung zu den zehn Übeln.

holischen Getränke trinken, um nicht das sündige Karma ununterbrochenen Leidens zu erzeugen, und wir sollten wissen, dass der Buddha-Same aus bedingter Verursachung entsteht, dass auf das Begehen vieler bösartiger Taten der sichere Sturz in die Höllen folgt und dass das Ausführen vieler guter Karmas mit Segen belohnt wird, der uns den Genuss derselben sichert. Und so lehrten uns die Alten dies: „Unterlasse alle schlechten Handlungen und führe alle guten Handlungen aus." Ihr habt bereits von den kausalen Umständen der Tötung von Mitgliedern des Sakya-Klans durch den Kristallkönig (Virudhaka) gelesen und wisst um dieses Gesetz der Kausalität.

Gegenwärtig leiden die Menschen überall auf der Welt unter allen Arten von Unheil und befinden sich in der Tiefe des Äons (*kalpa*) des Gemetzels. Dies ist die Vergeltung für böse Handlungen. Wir sollten die weltlichen Menschen immer ermahnen, kein Leben zu nehmen und die Lebewesen zu befreien, vegetarische Nahrung zu sich zu nehmen, an den Buddha zu denken und seinen Namen zu wiederholen, so dass jeder dem sich drehenden Rad von Ursache und Wirkung entkommen kann.

Ihr alle solltet diese Lehre glauben und beachten und jetzt die gute Sache säen, um später die Buddha-Frucht zu ernten.

> „Dieses vergängliche Leben ist wie ein Traum, und diese illusorische Substanz ist nicht stabil. Wenn wir uns nicht auf das Mitgefühl unseres Buddha verlassen, wie können wir dann den transzendenten Weg erklimmen?“

In diesem Leben, das wie ein Traum und eine Illusion ist, verbringen wir unsere Zeit auf eine verkehrte Weise. Wir erkennen die Größe Buddhas nicht und denken nicht daran, dem Bereich von Geburt und Tod zu entkommen. Wir lassen unsere guten und bösen Handlungen über unseren Aufstieg und Fall entscheiden und wir akzeptieren die Vergeltung entsprechend ihrer karmischen Auswirkungen. Deshalb vollbringen in dieser Welt nur wenige gute Taten, aber viele begehen böse Handlungen, und nur wenige sind reich im Sinne von edel, aber viele sind arm im Sinne von gemein. In den sechs Welten der Existenz gibt es alle Arten von Leiden. Es gibt Lebewesen, die am Morgen geboren werden und am Abend sterben. Es gibt solche, die nur ein paar Jahre leben, und andere, die viele Jahre leben. Sie sind nicht alle Meister ihrer selbst. Aus diesem Grund sollten wir uns auf das Mitgefühl der Buddhas verlassen, wenn wir einen Weg aus diesem Schlamassel finden wollen, denn die Buddhas und Bodhisattvas besitzen die Kraft ihrer Gelübde der Güte, des Mitleids, der Freude und der Entsagung und können uns aus dem bitteren Ozean der Sterblichkeit befreien, damit wir sicher am hellen „anderen Ufer“ ankommen. Sie sind gütig und mitfühlend, und wenn sie Lebewesen sehen, die Leiden ertragen müssen, haben sie Mitempfinden mit ihnen und befreien sie, damit diese dem Leiden entkommen und Glück genießen können. Ihr eigenes Glück und ihr Verzicht bestehen darin, dass sie sich über Lebewesen freuen, die verdienstvolle Taten vollbringen oder Gedanken der Güte im Geist aufkommen lassen, und dass sie alle Bitten entsprechend ihren Bedürfnissen erfüllen.

Als der Weltehrwürdige seine Selbst-Kultivierung vom Kausalboden (Ursache-Grund) aus praktizierte, bestanden seine Taten (in den aufeinanderfolgenden Bodhisattva-Stufen seiner früheren Leben) in der Entsagung seines eigenen Kopfes, Gehirns, Knochens und Marks. Aus diesem Grund sagte er: „Im Universum gibt es kein Fleckchen Erde, so klein wie ein Senfkorn, auf dem ich nicht mein Leben geopfert oder meine Gebeine begraben habe.“

Heute solltet ihr euch alle bemühen, das *huatou* fest in eurem Geist zu halten; achtet darauf, eure Zeit nicht zu verschwenden.

Der letzte Tag

Liebe Freunde, ich gratuliere euch allen zum Abschluss dieser Chan-Woche. Ihr habt eure verdienstvolle Ausbildung abgeschlossen, und in wenigen Augenblicken wird die Versammlung zu Ende gehen.

Den Alten zufolge haben der Beginn und das Ende einer Chan-Woche keine große Bedeutung, denn es ist wichtiger, ein *huatou* kontinuierlich im Geist zu halten, bis man die vollständige Erleuchtung erlangt hat. Gegenwärtig müssen wir, unabhängig davon, ob ihr erwacht seid oder nicht, dem Verfahren folgen, das in den bestehenden Regeln und Vorschriften festgelegt ist. Während dieser zwei Chan-Wochen habt ihr keinen Unterschied zwischen Tag und Nacht gemacht, denn euer einziges Ziel war euer eigenes Erwachen. Der letztendliche Zweck des Treffens war also, fähige Menschen für die Verbreitung der buddhistischen Lehre hervorzubringen. Wenn ihr eure Zeit verschwendet habt, ohne ein Ergebnis zu erzielen, habt ihr in der Tat eine große Gelegenheit verpasst.

Nun werden der ehrwürdige Abt und die Gruppenleiter die alten Regeln und Vorschriften befolgen und das Ergebnis eurer Ausbildung prüfen. Ich hoffe, ihr werdet nicht wild reden, wenn ihr befragt werdet; ihr solltet in Anwesenheit anderer in einem Satz eine Zusammenfassung eurer Leistung geben. Wenn eure Antworten in Ordnung sind, wird der ehrwürdige Abt eure Verwirklichung bestätigen. Die Alten sagten:

> „Selbst-Kultivierung dauert unvorstellbar lange, während die Erleuchtung in einem Augenblick erlangt wird."

Wenn das Üben effizient ist, wird die Erleuchtung mit einem Fingerschnippen erlangt.

Vor langer Zeit hatte der Chan-Meister Hui Chueh vom Berg Lang Yeh eine Schülerin, die ihn um Unterricht bat. Der Meister lehrte sie, den Satz zu prüfen: „Nimm keine Notiz!" (wörtlich: „Lass es los!") Sie befolgte seine Anweisung strikt und wurde nicht rückfällig. Eines Tages geriet ihr Haus in Brand, aber sie sagte: „Nimm keine Notiz davon." An einem anderen Tag fiel ihr Sohn ins Wasser, und als ein Umstehender sie rief, sagte sie: „Nimm keine Notiz davon." Sie befolgte genau die Anweisung ihres Meisters, indem sie alle kausalen Gedanken ablegte.

Eines Tages, als ihr Mann das Feuer anzündete, um Krapfen aus gedrehtem Teig zu backen, warf sie einen Teig in die Pfanne mit kochendem Pflanzenöl, der ein Geräusch machte. Als sie das Geräusch hörte, war sie augenblicklich erleuchtet. Sie warf die Pfanne mit dem Öl auf den Boden, klatschte in die Hände und lachte. Ihr Ehemann dachte, sie sei durchgedreht, und schimpfte sie mit den Worten: „Warum tust du das? Bist du verrückt?" Sie antwortete: „Nimm keine Notiz!" Dann ging sie zu Meister Hui Chueh und bat ihn, ihre Leistung zu überprüfen. Der Meister bestätigte, dass sie die heilige Frucht erhalten hatte.

Liebe Freunde, diejenigen von euch, die zur Wahrheit erwacht sind – tretet bitte vor und erzählt von eurer Erkenntnis.

[Nach einer langen Weile, in der sich niemand meldete, verließ Meister Hsu Yun die Halle. Der ehrwürdige Dharma-Meister Ying Tzu setzte die Prüfung fort, und als sie vorbei war, kehrte Meister Hsu Yun in die Halle zurück, um die Versammlung zu unterrichten. Meister Hsu Yun sagte:]

Wie kann man in dieser turbulenten Welt und besonders in dieser geschäftigen und unordentlichen Stadt die Zeit und den Gedanken aufbringen, hierher zu kommen, um in Meditation zu sitzen und ein *huatou* zu halten? Die tiefe Verwurzelung der Menschen in Shanghai hat in Verbindung mit dem blühenden Buddha-Dharma und dem unübertroffenen Einfluss der Ursache diese großartige Gelegenheit für unsere Zusammenkunft ermöglicht.

Von alters her bis heute gab es die Schulen der Lehre, der Disziplin (Vinaya), des Reinen Landes und der Esoterik (Yoga). Ein strenger Vergleich zwischen diesen Schulen und der Chan-Sekte beweist die Überlegenheit der letzteren. Früher habe ich selbst von einer unübertroffenen Sekte gesprochen, aber aufgrund des gegenwärtigen Niedergangs des Buddha-Dharmas sind keine fähigen Männer verfügbar. Früher habe ich auf meinen langen Fußreisen verschiedene Klöster aufgesucht und dort übernachtet, aber was ich jetzt sehe, ist nicht mit dem zu vergleichen, was ich damals gesehen habe. Ich schäme mich wirklich für meine Unwissenheit, aber der ehrwürdige Abt, der sehr mitfühlend ist, und die Ältesten, die sehr zuvorkommend sind, haben mich dazu gedrängt, diese Versammlung zu leiten. Diese Aufgabe hätte dem ehrwürdigen alten Dharma-Meister Ying Tzu anvertraut werden sollen, der eine anerkannte Autorität sowohl im Chan als auch in den Schriften und ein erfahrener Senior ist. Ich bin jetzt ein nutzloser Mann und kann nichts mehr tun, und ich hoffe, dass ihr alle ihm folgen und ohne Rückschritte vorankommen werdet.

Vorfahre Kuei Shan (Wei Shan) sagte: „Es ist bedauerlich, dass wir am Ende der Scheinperiode[97] geboren wurden, so lange nach dem Ende der heiligen Periode, wo der Buddha-Dharma nicht beachtet wird und die Menschen ihm wenig Aufmerksamkeit schenken. Ich drücke jedoch meine bescheidene Meinung aus, damit die kommende Generation ihn versteht."

Der Dharma-Name von Meister Kuei Shan war Ling Yu; er stammte aus der Provinz Fu Chien. Er folgte dem Ahnen Pai Chang und verwirklichte seinen Geist im Kloster des letzteren. Szu Ma erkannte, dass der Berg Kuei Shan in der Provinz Hunan vielversprechend war und zum Treffpunkt für eine Versammlung von 1.500 gelehrten Mönchen würde. Zu dieser Zeit war Kuei Shan ein Küster des Klosters Pai Chang, wo Dhuta[98] Szu Ma ihn bei einem Besuch traf, ihn als den rechtmäßigen Besitzer des Berges anerkannte und ihn einlud, dort selbst ein Kloster zu gründen. Kuei Shan war ein Mann der Tang-Dynastie (618–906), der Buddha-Dharma befand sich bereits am Ende seiner Scheinperiode. Aus diesem Grund bedauerte er, nicht früher geboren worden zu sein, denn zu jener Zeit war der Buddha-Dharma schwer zu verstehen, und weltliche Menschen, deren gläubiger Geist sich

[97] Die drei Perioden des Buddhismus sind: (1) die Periode der heiligen, korrekten oder wirklichen Lehre des Buddha, die 500 Jahre dauert, gefolgt von (2) der Periode des Bildes oder des Scheins von 1.000 Jahren und dann von (3) der Periode des Verfalls und der Beendigung, die 3.000 – manche sagen 10.000 – Jahre dauert, nach der Maitreya Buddha erscheinen und alle Dinge wiederherstellen soll.

[98] *dhuta*: ein Mönch, der sich der Enthaltsamkeit verschrieben hat: ein Asket.

zurückentwickelte, weigerten sich, sich um das Studium der Lehre zu bemühen, mit dem Ergebnis, dass es für sie keine Hoffnung auf das Erreichen der Buddha-Frucht gab. Seit der Zeit von Kuei Shan sind über tausend Jahre vergangen, und nicht nur die Zeit des Scheins ist vergangen, sondern auch über 900 Jahre der gegenwärtigen Periode der Beendigung sind vergangen. Daher sind die weltlichen Menschen mit guten Wurzeln jetzt sehr viel weniger. Aus diesem Grund gibt es viele Menschen, die an den Buddha-Dharma glauben, aber nur sehr wenige, die die Wahrheit tatsächlich erkennen.

Ich vergleiche nun meinen eigenen Fall mit dem derjenigen, die jetzt den Buddha-Dharma studieren und die den Vorteil aller möglichen Annehmlichkeiten haben. Während der Regierungszeiten von Hsien Feng (1851–1861) und Tung Chih (1862–1874) wurden alle Klöster in der Region südlich der drei Flüsse zerstört, nur das Tien Tung-Kloster blieb unversehrt. Während des Tai-Ping-Aufstandes (1850–1864) kamen Mönche aus den Chung-Nan-Bergen in den Süden, um diese Klöster wieder aufzubauen; damals war jeder von ihnen nur mit einem Kürbis und einem Korb ausgestattet und besaß nicht so viele Dinge, wie ihr jetzt habt. Später blühte der Buddha-Dharma allmählich wieder auf, und die Mönche begannen, ihre Lasten mit einer Stange über der Schulter zu tragen. Gegenwärtig tragen sie sogar Lederkoffer, aber sie schenken der korrekten Praxis der Lehre nicht viel Aufmerksamkeit. Früher mussten die Chan-Mönche, die verschiedene Klöster zur Unterweisung aufsuchen wollten, zu Fuß reisen. Jetzt sind sie mit dem Zug, dem Auto, dem Dampfer und dem Flugzeug unterwegs, was sie von allen früheren Mühen befreit, aber ihren Spaß an Verwöhnung und Bequemlichkeit noch verstärkt. Gegenwärtig schenkt trotz der zunehmenden Zahl buddhistischer Institutionen und Dharma-Meister niemand der grundlegenden Frage Aufmerksamkeit, und von morgens bis abends sucht jeder nur nach Wissen und Interpretation, ohne sich im Geringsten um Selbst-Kultivierung und Verwirklichung zu kümmern. Dabei wissen sie nicht, dass Selbst-Kultivierung und Verwirklichung das Wesentliche der Lehre sind.

Chan-Meister Yung Chia sagte in seinem „Lied der Erleuchtung“:

„Gehe an die Wurzel.
Mach dir keine Gedanken über Zweige.
Sei wie reines Kristall um den kostbaren Mond.
Ach, in dieser Zeit des Verfalls
  und in dieser bösartigen Welt
sind Lebewesen mit üblem Schicksal
  schwer zu zügeln.
Die heilige Zeit ist lange vorbei
  und verdrehte Ansichten sitzen tief.
Da der Dämon stark und der Dharma schwach,
herrschen Missbilligung und Unheil vor.
Wenn sie von der Unmittelbaren Dharma-Tür
  des Tathagata hören,
hassen sie es, sie nicht zerstört zu haben.
Solange ihr Geist so handelt,
  wird ihr Körper leiden;

sie können ihre Mitmenschen
nicht dafür anklagen oder beschuldigen.
Wenn du ununterbrochenes Karma
vermeiden willst,
verunglimpfe nicht das Rad des
Buddha-Gesetzes[99].
In meiner Jugend habe ich viel Wissen angehäuft,
suchte nach Sutras, Sastras und Kommentaren,
die endlos zwischen Name und Form
unterscheiden,
wie einer,
der vergeblich die Sandkörner im Ozean zählt.
Ich wurde von Buddha streng getadelt,
der fragte, welchen Nutzen
das Zählen der Edelsteine anderer hat.“

Yung Chia rief den Sechsten Patriarchen um Unterweisung an und wurde vollständig erleuchtet. Der Patriarch nannte ihn den „Über-Nacht-Erleuchteten“. Aus diesem Grund sagten die Alten: „Die Suche nach der Wahrheit in Sutras und Sastras ist wie das Eintauchen ins Meer, um seine Sandkörner zu zählen.“

Das Mittel der Chan-Sekte wird mit dem kostbaren Königsschwert Vajra verglichen[100], das alles durchschneidet, was es berührt, und alles vernichtet, was gegen seine scharfe Spitze stößt. Es ist die höchste Dharma-Tür, durch die man auf einen Schlag die

---

[99] *dharmacakra* in Sanskrit, Buddha-Wahrheit, die in der Lage ist, alles Böse und alle Widerstände zu zermalmen, wie Indras Rad, und die von Mensch zu Mensch, von Ort zu Ort, von Zeitalter zu Zeitalter weiterrollt.

[100] Der königliche Diamantenstein oder das unzerstörbare Schwert, das Unwissenheit und Verblendung vernichtet.

Buddhaschaft erlangen kann. Um euch ein Beispiel zu geben, erzähle ich euch die Geschichte des Chan-Meisters Shen Tsan, der in seiner Jugend zu Fuß reiste und nach seinem Aufenthalt beim Vorfahren Pai Chang erleuchtet wurde. Nach seiner Erleuchtung kehrte er zu seinem früheren Meister zurück; dieser fragte ihn: „Was hast du, nachdem du mich verlassen hast, an anderen Orten neu erworben?" Shen Tsan antwortete: „Ich habe nichts erworben." Deshalb wurde ihm aufgetragen, seinem früheren Meister weiter zu dienen.

Eines Tages, als dieser ein Bad nahm und Shen Tsan aufforderte, ihm den schmutzigen Rücken zu schrubben, klopfte dieser ihm auf die Schulter und sagte: „Eine gute Buddha-Halle, aber der Buddha ist nicht heilig." Sein Meister verstand nicht, was er meinte, drehte den Kopf und schaute den Schüler an, der erneut sagte: „Obwohl der Buddha nicht heilig ist, sendet er erleuchtende Strahlen aus."

An einem anderen Tag, als sein Meister unter dem Fenster ein Sutra las, flog eine Biene gegen das Fensterpapier und versuchte, aus dem Zimmer zu entkommen. Shen Tsan sah die kämpfende Biene und sagte: „Das Universum ist so groß und du willst nicht hinaus. Wenn du altes Papier durchstoßen möchtest, wirst du im nicht-existierenden Jahr des Esels entkommen!" Nachdem er dies gesagt hatte, sang er das folgende Gedicht:

„Sie weigert sich,
durch die leere Tür hinauszugehen,
und klopft dumm gegen das Fenster.
Um altes Papier zu durchstoßen,
braucht man hundert Jahre,
oh, wann wird es ihr gelingen, zu entkommen?"

Im Glauben, dass Shen Tsan ihn beleidigte, legte der alte Meister sein Sutra beiseite und fragte ihn: „Du warst so lange weg: Wen hast du getroffen, was hast du gelernt und was macht dich jetzt so gesprächig?" Shen Tsan antwortete: „Nachdem ich dich verlassen hatte, schloss ich mich der Pai Chang-Gemeinschaft an, wo mir Meister Pai Chang einen Hinweis gab, wie man (bei Denken und Unterscheiden) innehalten kann. Da du nun alt bist, bin ich zurückgekehrt, um meine Dankesschuld dir gegenüber zu begleichen." Daraufhin informierte der Meister die Versammlung über den Vorfall, ordnete ein vegetarisches Bankett zu Ehren von Shen Tsan an und lud ihn ein, den Dharma zu erläutern. Dieser stieg auf den Sitz und erklärte die Pai Chang-Lehre mit den Worten:

„Geistiges Licht leuchtet in der Ungebundenheit,
entwirrt Sinnesorgane von Sinneseindrücken.[101]
Das Erfahren der wahren Ewigkeit
hängt nicht nur von Büchern ab.
Die unbefleckte Geist-Natur ist im Grunde perfekt.

---

[101] Auf diese Entflechtung folgt der Zustand von *samadhi*, bei gleichzeitigem Wirken von *prajna* oder Weisheit.

Freiheit von Ursachen, die Falschheit erzeugen, ist dasselbe wie absolute Buddhaschaft."

Nachdem er dies gehört hatte, wurde sein Meister zur Wahrheit erweckt und sagte: „Ich hätte nie erwartet, dass ich in meinem fortgeschrittenen Alter noch von der höchsten Struktur höre." Dann übergab er die Leitung des Klosters an Shen Tsan und lud ihn respektvoll ein, sein eigener Meister zu werden.

Ihr seht, wie ungezwungen und einfach das alles ist. Wir saßen zehn Tage lang bei diesem Chan-Treffen, warum haben wir also trotzdem nicht die Wahrheit erfahren? Es liegt daran, dass wir nicht ernsthaft entschlossen waren, zu üben, oder dass wir es für ein Kinderspiel hielten, oder dass wir dachten, man müsse dafür in stiller Meditation in einer Chan-Halle sitzen. Nichts von alledem ist richtig, und Menschen, die ihren Geist wirklich auf diese Übung richten, machen keinen Unterschied zwischen dem Veränderlichen und dem Unveränderlichen und auch nicht zwischen den verschiedenen alltäglichen Aktivitäten. Sie können es auf der Straße tun, auf dem lärmenden Marktplatz oder wo auch immer sie sich befinden.

Es war einmal ein Metzgermönch, der sich von gelehrten Meistern unterweisen ließ. Eines Tages kam er auf einen Markt und ging an einer Metzgerei vorbei, in der jeder Käufer darauf bestand, „reines (erstklassiges) Fleisch" zu bekommen. Plötzlich wurde der Metzger zornig, legte sein Hackmesser weg und fragte die Kunden: „Welches Stück Fleisch ist nicht rein?" Als der Metzgermönch dies hörte, war er augenblicklich erleuchtet.[102]

Das zeigt, dass es für die Alten nicht notwendig war, in einer Chan-Halle zu meditieren, wenn sie ihre Ausbildung durchliefen. Heute spricht keiner von euch übers Erwachen. Ist das nicht Zeitverschwendung? Ich bitte nun respektvoll den ehrwürdigen Meister Ying Tzu und die anderen Meister, die Prüfung abzuhalten.

Rede von Meister Hsu Yun zum Abschluss der Chan-Wochen

[Nachdem Tee und Kuchen serviert worden waren, stand die ganze Versammlung auf, als der Ehrwürdige Meister Hsu Yun in einer formellen Robe mit weiten Ärmeln wieder die Halle betrat und sich vor den Jade-Buddha setzte. Mit einem Bambusstab zeichnete er einen Kreis[103] in die Luft und sagte:]

Versammlung und Meditation!
Eröffnung und Abschluss!
Wann wird das alles ein Ende haben?
Wenn erzeugende Ursachen abrupt aufhören
und äußere Objekte verschwinden.
Mahaprajnaparamita!

---

[102] Der Metzgermönch wurde so genannt, weil er Erleuchtung erlangte, als er die Stimme des Metzgers hörte. Er unterzog sich gerade einem intensiven Üben, als er an der Metzgerei vorbeikam, und sein Geist war bereits ruhig und frei von jeglichem Denken und Unterscheidungsvermögen. Die laute Stimme des Metzgers machte einen großen Eindruck auf den Geist des Mönchs und wurde nicht durch das Hörvermögen des Ohrs, sondern durch die Funktion der Selbst-Natur selbst gehört. Als die Funktion der Selbst-Natur sich manifestierte, wurde die Essenz der Selbst-Natur offensichtlich, daher seine Erleuchtung.

[103] Der Kreis symbolisiert die Vollkommenheit des *Dharmakaya*.

Ist der Geist still, kehren Essenz und Funktion
von selbst zur Normalität zurück.
Im Grunde gibt es weder Tag noch Nacht,
sondern nur völlige Helligkeit.
Wo ist die Trennungslinie zwischen
Süden und Norden, zwischen Ost und West?
Ungehindert werden die Dinge als das Produkt
konditionierender Ursachen gesehen.[104]
Während Vögel singen und Blumen lächeln,
erreicht der Mond den Bach![105]
Was soll ich sagen, um die Sitzung zu beenden?
‚Wenn das Brett angeschlagen wird[106],
springt die Essschale auf!'
Lasst uns *prajnaparamita* untersuchen!

---

[104] Das Phänomenale wird nur durch konditionierende Ursachen geschaffen, ist aber frei von wirklicher Natur.

[105] Unsere Verblendung wird durch unsere Anhaftung an Gehörtes, Gesehenes, Gefühltes und Gewusstes verursacht, aber wenn der Geist vom Hören, Sehen, Fühlen und Wissen oder Unterscheiden losgelöst ist, werden wir die vollständige Erleuchtung des Avalokitesvara Bodhisattva erlangen. Die beiden Fähigkeiten des Hörens und Sehens werden hier erwähnt, weil sie ständig aktiv sind, während die anderen vier Fähigkeiten manchmal schlummern. Wenn es einem gelingt, das Hören vom Gesang des Vogels und das Sehen von den lächelnden Blumen zu trennen, wird der Mond, das Symbol der Erleuchtung, auf dem Fluss scheinen, denn Wasser ist ein Symbol der Selbst-Natur. Dieser Satz bedeutet, dass man Erleuchtung erlangen kann, während man sich inmitten von Klang und Sicht befindet, die die illusorische Welt symbolisieren.

[106] In einem Kloster wird das Brett angeschlagen, um zu den Mahlzeiten zu rufen. Wenn der Geist wirksam von allen Gefühlen und Leidenschaften befreit ist, werden alle acht *vijnana* oder Bewusstseine eingefroren und inaktiv. Dieser Moment wird in der Chan-Sprache als „ein vorübergehender Tod gefolgt von einer Auferstehung" bezeichnet, d.h. Tod der Verblendung und Auferstehung der Selbst-Natur. Wenn die Selbst-Natur ihre Freiheit wiedererlangt, wird sie funktionieren und den Klang der Tafel hören. Das Phänomenale und das Noumenale sind nun ein ungeteiltes Ganzes.

Predigt in Shanghai am 17. Dezember 1952

Dieses Gebetstreffen für den Weltfrieden, das vor ein paar Tagen begonnen hat, ist praktisch einzigartig. Heute haben mich der Dharma-Meister Wei-fang, Abt Miao-zhen und die *upasaka* Zhao Bo-zhu, Li Si-hao und Fang Cu-hao gebeten, den Dharma zu predigen. Ich nutze diese Gelegenheit, um über die Wechselbeziehung zwischen der Chan-Schule und der Schule des Reinen Landes zu sprechen, damit Anfänger beide verstehen können. Heute ist der erste Tag für die Praxis des Reinen Landes, die darin besteht, den Namen des Buddha zu rezitieren. Es wurde beschlossen, dass Abt Miao-zhen der Sprecher sein sollte, aber mein ehrwürdiger Freund war sehr bescheiden und hat mich gebeten, seinen Platz einzunehmen.

Diese Saha-Welt, in der wir leben, ist ein bitteres Meer des Leidens, dem wir alle entkommen wollen, aber dazu müssen wir uns auf den Buddhadharma verlassen. Streng genommen kann über die Wirklichkeit, wie sie vom Buddhadharma gelehrt wird, nicht gesprochen werden, denn sie ist in Wort und Sprache unbeschreiblich. Deshalb heißt es im *Surangama Sutra*: „Die verwendete Sprache hat keine wirkliche Bedeutung an sich." Um jedoch mit der großen Vielfalt der Neigungen der Lebewesen fertig zu werden, wurden zahllose Hilfsmittel entwickelt, um sie zu leiten. In China wird der Buddhadharma in die Chan-Schule, die Lehr-Schule (Sutras), die Vinaya-Schule und die Schulen des Reinen Landes und des Yogacara unterteilt. Für gelehrte und erfahrene Praktizierende ist diese Unterteilung überflüssig, da sie sich bereits über die Dharma-Natur im Klaren sind, die keine Unterscheidung zulässt. Aber Anfänger vertreten widersprüchliche Meinungen und treiben den Dharma gerne in Sekten und Schulen, zwischen denen sie unterscheiden und dadurch den Wert des Dharma für die Erleuchtung der Menschen stark verringern.

Wir sollten wissen, dass die *huatou*-Technik[107] und die Wiederholung von Buddhas Namen nur zweckdienliche Methoden und nicht das Nonplusultra darstellen und für diejenigen, die ihre Ziele bereits durch effizientes Üben erreicht haben, nutzlos sind. Warum ist das so? Weil sie den absoluten Zustand verwirklicht haben, in dem Bewegung und Stille eins sind, wie der Mond, der sich in tausend Flüssen spiegelt, in denen er hell und klar ist, ohne Hindernisse. Hindernisse kommen von schwebenden Wolken am Himmel und dem Schlamm im Wasser (verblendete Gedanken). Wenn es Hindernisse gibt, kann der Mond trotz seiner Helligkeit nicht scheinen, und sein Spiegelbild wird trotz des klaren Wassers nicht zu sehen sein.

Wenn wir, die wir den Dharma praktizieren, diese Wahrheit verstehen und uns über den Selbst-Geist im Klaren sind, der wie der helle Mond im Herbst ist und nicht nach außen wandert, um nach Äußerlichkeiten zu suchen, sondern sein Licht zurückgibt, um sich selbst zu erleuchten, ohne einen einzigen Gedanken

---

[107] *huatou* ist der Geist, bevor er durch einen Gedanken aufgewühlt wird. Die Technik wurde von erleuchteten Meistern entwickelt, die ihre Schüler lehrten, ihre Aufmerksamkeit auf den Geist zu konzentrieren, um alle Gedanken zu stoppen und die Einzigartigkeit des Geistes zu verwirklichen, um ihre eigene Natur zu erkennen.

hervorzurufen und ohne irgendeine Vorstellung von Verwirklichung, wie kann es dann Raum für verschiedene Namen und Begriffe geben? Nur weil wir seit zahllosen Äonen an falschen Gedanken festhalten, wegen der starken Kraft der Gewohnheiten, hielt der Buddha während seiner neunundvierzigjährigen Lehrtätigkeit dreihundert Versammlungen ab. Aber das Ziel aller zweckmäßigen Methoden ist es, die Lebewesen von den verschiedenen Leiden zu heilen, die durch Begierde, Ärger, Dummheit und pervertierte Gewohnheiten verursacht werden. Wenn wir uns von all dem fernhalten können, wie kann es dann Unterschiede zwischen den Lebewesen geben? Daher sagte ein alter Mann: „Es gibt zwar viele Mittel für diesen Zweck, aber sie sind identisch, wenn sie zur Quelle zurückgeführt werden." (*Surangama Sutra*)

Die populärsten Methoden, die heute verwendet werden, sind Chan und Reines Land. Doch es ist bedauerlich, dass viele Mitglieder der Sangha die Regeln der Disziplin übersehen, ohne zu wissen, dass der Buddhadharma auf Disziplin (*sila*), Meditation (*dhyana*) und Weisheit (*prajna*) beruht; er ist wie ein Dreibein, das nicht stehen kann, wenn eines seiner Beine fehlt. Dies ist eine so wichtige Sache, dass kein Schüler des Buddhadharma sie außer Acht lassen sollte.

Die Chan-Übertragung begann, als der Weltverehrte in der Versammlung auf dem Geiergipfel eine Blume hochhielt, eine Geste, die von Mahakasyapa mit einem Lächeln quittiert wurde. Dies wird die Versiegelung des Geistes durch den Geist genannt und ist die

„Übertragung außerhalb der Lehre"; sie ist die Grundlage des gesamten Buddhadharma. Die Wiederholung von Amitabhas Namen, das Sutra-Lesen und die Konzentration auf Mantras sollen uns ebenfalls helfen, Geburt und Tod zu entkommen.

Manche sagen, Chan sei eine plötzliche Methode, während das Reine Land und Mantrayana allmähliche Methoden sind; das ist so, aber das ist nur ein Unterschied in den Namen und Begriffen, denn in Wirklichkeit führen alle Methoden zum gleichen Ergebnis. Daher sagte der Sechste Patriarch: „Der Dharma ist weder plötzlich noch allmählich, aber das Erwachen des Menschen kann langsam oder schnell sein." Wenn alle Methoden gut für die Praxis sind und wenn du eine findest, die zu dir passt, dann praktiziere sie; aber du solltest niemals eine Methode loben und eine andere verunglimpfen und dadurch Diskriminierung hervorrufen. Das Wichtigste ist *sila,* die ethische Disziplin, die strikt eingehalten werden sollte. Heutzutage gibt es korrupte Mönche, die nicht nur die Regeln der Disziplin missachten, sondern auch behaupten, sie zu befolgen sei eine Form des Anhaftens; eine solch unverantwortliche Aussage ist schädlich und gefährlich für Anfänger.

Die Chan-Lehre des Geistes wurde durch Mahakasyapa und seine Nachfolger in Indien weitergegeben und erreichte China, wo sie schließlich an Meister Hui-neng, den sechsten chinesischen Patriarchen, übertragen wurde. Dies war die Übertragung des Rechten Dharma, der dann in ganz China aufblühte. Die Schule der Vinaya-Disziplin begann mit

Upali, der sie von Buddha erhielt, der erklärte, dass *sila* der Lehrer aller Lebewesen im Dharma-Zeitalter ist. Nach Upagupta[108] wurde sie in fünf Schulen unterteilt (Dharmagupta, Sarvastivada, Mahisasaka, Kasyapiya und Vatsuputriya). In China studierte Daoxuan (ein berühmter Mönch der Tang-Dynastie) vom Berg Nan das Dharmagupta, schrieb einen Kommentar dazu, gründete die Vinaya-Schule und wurde ihr chinesischer Patriarch.

Die Tian-tai-Schule wurde in China von Hui-wen aus der Bei-qi-Dynastie (550–578) gegründet, nachdem er Nagarjunas *Madhyamika Shastra* studiert und den Geist-Grund erkannt hatte.

Du-shun (gest. 640) studierte das *Avatamsaka Sutra* und gründete anschließend die Hua-yan-Schule, die später nach ihrem dritten Patriarchen Xian-shou-Schule genannt wurde.[109]

Hui-yuan gründete die Schule des Reinen Landes, die durch ihre neun Patriarchen weitergegeben wurde. Ihr sechster Patriarch, Yan-shou Yong-ming (gest. 975), und drei nachfolgende waren erleuchtete Chan-Meister, die die Reines Land-Lehre verbreiteten, und die beiden Schulen (Chan und Reines Land) vermischten sich wie Milch und Wasser. Trotz der Aufteilung des Buddhadharma in verschiedene Schulen weichen diese nicht von der zugrundeliegenden Bedeutung ab, die der Buddha offenbarte, als er eine Blume in die Höhe hielt. So erkennen wir, dass Chan und Reines

---

[108] Der vierte Patriarch der Chan-Sekte in Indien.

[109] Auch bekannt als Fa-zang (643-712). Er war ein produktiver Kommentator des Hua-yan.

Land eng miteinander verbunden sind und dass die Alten sorgfältig waren, als sie den Buddhadharrna lehrten.

Die Yogacara-Schule (Mi-zong) wurde von Vajrabodhi (der 619 in China ankam) eingeführt. Sie wurde von Amogha (gest. 774) verbreitet und erblühte dank der Bemühungen von Chan-Meister Yi-xing (672–717).

Die oben genannten zweckmäßigen Methoden, den Buddhadharma zu lehren, ergänzen sich gegenseitig und sollten niemals als getrennte Konfessionen eingestuft werden, die einander entgegengesetzt sind und feindlich gegenüberstehen, denn dies würde den Absichten der Buddhas und Patriarchen zuwiderlaufen. Ein altes Sprichwort besagt, dass sie wie gelbe Blätter sind, die Kindern gegeben werden, um sie vom Weinen abzuhalten.

Menschen, die den wahren Grund für Aussprüche wie Chao-chous „Ich höre das Wort Buddha nicht gerne“ oder „Wenn ich den Namen des Buddha nur ein einziges Mal falsch ausspreche, werde ich mir drei Tage lang den Mund auswaschen“ nicht verstehen, sind sich des mitfühlenden Herzens nicht bewusst, das er hatte, als er seine Schüler lehrte, sich von illusorischen „Buddhas“ zu lösen, und zitieren ihn, um die Methode des Reinen Landes als Angelegenheit unwissender alter Frauen zu verunglimpfen. Wiederum betrachten einige Leute die Chan-Praxis als Beschäftigung ketzerischer Sucher der Leerheit. Kurz gesagt, sie geben vor, dass sie immer Recht haben, während andere immer im Unrecht sind.

Diese Art von Kontroverse ist endlos und widerspricht nicht nur der guten Absicht des Buddha und der Patriarchen, nützliche Methoden für die Lehre des Dharma einzurichten, sondern sie liefert auch Außenstehenden einen guten Vorwand, diese zu kritisieren und zu behindern. Da die Folgen so groß sind, lenke ich die Aufmerksamkeit erfahrener Übender wie auch von Anfängern besonders auf diesen unglücklichen Zustand, damit sie ihm ein Ende setzen können; wenn man es zulässt, dass er andauert, wird er den Buddhadharma zu Tode strangulieren.

Wir sollten wissen, dass alle Methoden zu demselben Ergebnis führen. Studenten des Buddhismus sollten die Werke *Zong Jing Lu* und *Wan Shan Tong Gui Ji* von Chan-Meister Yong-ming[110] lesen und wiederholen. Schüler der Schule des Reinen Landes sollten das Kapitel über Mahastharnas Mittel zur Vervollkommnung im *Surangama Sutra* lesen, gut verstehen und so das aus sich selbst heraus entstandene Reine Land erkennen, indem sie sich von Verblendung fernhalten und sich der inneren Wirklichkeit zuwenden, ohne auf der Suche nach Äußerlichkeiten umherzuwandern. Wenn wir diese Wahrheit begreifen, können wir, ohne von ihr abzuweichen, entweder von Chan oder vom Reinen Land sprechen, entweder von Ost oder West, die beide erreichbar sind, entweder von „Existenz“ oder „Nichtexistenz“, die uns nicht länger behindern werden. Dies ist der Moment, in dem entweder „Form“

---

[110] Beide Werke erläutern trotz ihrer Einteilung in verschiedene Schulen die Zusammenhänge zwischen allen Methoden der Praxis und ihrem gemeinsamen Ziel, der Verwirklichung von *bodhi*.

oder „Geruch“ nur der tiefe Sinn, der selbstgenügsame Amitabha und das Reine Land, das nur Geist ist, sind, die alle an einem Ort erreichbar sein werden, an dem es nicht zu viele Schlingpflanzen gibt.

Das *Surangama Sutra* sagt: „Löscht einfach alle weltlichen Gefühle und Leidenschaften aus, jenseits derer nichts als heilig interpretiert werden kann.“ Wenn wir dies tun können und dadurch alle falschen Gedanken, Anhaftungen und Gewohnheiten loswerden, werden wir Bodhisattvas, Patriarchen und Buddhas sein; andernfalls werden wir weiterhin (gewöhnliche) Lebewesen sein.

Wer den Namen des Buddha rezitiert, sollte sich niemals an diesen Namen klammern, denn er kann so schädlich wie Gift werden. Wir rezitieren nun den Namen des Buddha, weil unsere Gewohnheiten seit jeher tief verwurzelt sind und unsere Gedanken nicht leicht zu stoppen sind. So benutzen wir seinen Namen als Stütze in unserem Bestreben, alle aufsteigenden Gedanken auszulöschen, bis sie schließlich ganz verschwinden und dem Reinen Land Platz machen, das sich dann manifestieren wird. Warum also sollten wir es außen suchen?

Rede zum 12. Todestag von Meister Yin Guang 21.12.1952

Heute ist der zwölfte Jahrestag des Todes des verstorbenen Dharma-Meisters Yin-guang, der im westlichen Paradies (von Amitabha) wiedergeboren wurde. Ihr alle, seine Schüler, habt euch in dieser Halle versammelt, um diesen Anlass zu feiern. So wie man Wasser trinkt und dabei an seine Quelle denkt, so ist eure heutige Feier in Erinnerung an euren väterlichen Meister. Im Buddhismus ist ein Meister der Vater des eigenen *Dharmakaya*, also bedeutet das Gedenken an den Tod des eigenen Meisters, dass man kindliche Gedanken an ihn hegt. Diese kindliche Verehrung ist viel tiefer als die gegenüber den eigenen Eltern. Ich erinnere mich noch, wie ich den Meister im zwanzigsten Jahr des Kaisers Chang-xu (1894) auf der Insel Pu-tuo traf. Er war von Abt Hua-wen gebeten worden, das Sutra von Amitabha im Qian-si-Tempel zu erläutern, und blieb dort über zwanzig Jahre lang, um das Tripitaka zu lesen. Er zog sich zurück, um die Methode des Reinen Landes zu praktizieren, und obwohl er eine Autorität in Bezug auf die buddhistischen Sutren war, benutzte er nur das Wort „Amitabha", das er in seiner täglichen Praxis rezitierte. Er gab nie vor, dass er mit seinem tiefen Wissen über die Sutren diese einfache Praxis der Schule des Reinen Landes vernachlässigen und aufgeben könnte.

Alle vom Buddha gelehrten Methoden sind gut für die Behandlung weltlicher Krankheiten, und die Rezitation des Namens des Buddha ist eine *agada* (Medizin), die alle Krankheiten heilt. Jede dieser Methoden erfordert jedoch einen festen Glauben, eine unnachgiebige Entschlossenheit und beträchtliche Übung, um gute Ergebnisse zu erzielen. Wenn du einen starken Glauben hast, wirst du die gleiche Vollkommenheit erreichen, egal ob du dich auf Mantras konzentrierst, Chan praktizierst oder den Namen des Buddha wiederholst.

Wenn du einen schwachen Glauben hast und dich auf deine winzigen guten Wurzeln, deine geringe Intelligenz und dein oberflächliches Wissen verlässt, oder wenn du ein paar buddhistische Begriffe oder ein paar *kung-an* auswendig lernst und dann ziellos redest, andere lobst und tadelst, dann wirst du nur deine Karma erzeugenden Gewohnheiten verstärken, und wenn der Tod naht, wirst du deinem Karma folgen, um wieder in Samsara zu wandeln. Ist das nicht eine große Schande?

Wenn ihr des Todes eures Meisters gedenkt, solltet ihr dieser wahren Praxis und Einhaltung des Dharma gedenken. Er selbst war fest in dieser Praxis und hielt Schritt mit den Alten. Er verstand Mahasthama Bodhisattvas Mittel zur Vervollkommnung, das darin besteht, Gedanken auf den Buddha zu konzentrieren; er setzte es in die Praxis um und verwirklichte dadurch den Zustand des *samadhi*, der aus dieser Konzentration auf Amitabha resultiert. Dann verbreitete er den Dharma des Reinen Landes zum Wohle der Lebewesen, unbeirrt und unermüdlich über mehrere Jahrzehnte. Heute kann man keinen anderen Mann wie ihn finden.

Ein wahrer Praktizierender vermeidet es immer, zwischen sich selbst und anderen zu unterscheiden, er konzentriert sich und verlässt sich auf den Buddha zu jeder Zeit und in jeder Situation. Er hält fest an diesem einen Gedanken an Buddha, der innig und ungebrochen ist, bis er wirksam wird und die Manifestation von Amitabhas Reinem Land bewirkt, von dem er alle Vorteile genießen wird. Um dies zu verwirklichen, sollte der gläubige Geist fest sein und sich ausschließlich auf die Erinnerung an Amitabha Buddha konzentrieren. Wenn der gläubige Geist schwankt, kann nichts erreicht werden.

Wenn zum Beispiel jemand sagt, Chan sei besser als Reines Land, dann probiert man Chan aus und hört auf, den Namen des Buddha zu rezitieren; wenn andere die Lehrschule loben, liest man die Sutras und lässt die Chan-Meditation fallen; oder wenn man beim Studium der Lehren versagt, konzentriert man sich stattdessen auf Mantras. Wenn ihr den Buddha-Dharma auf diese Weise praktiziert, werdet ihr verwirrt sein und kein Ergebnis erzielen. Anstatt euch selbst die Schuld für diese unwirksame Praxis zu geben, beschuldigt ihr den Buddha, die Lebenden zu täuschen. Dadurch verleumdet ihr den Buddha und verunglimpft den Dharma, wodurch ihr ein ununterbrochenes höllisches (*avici*) Karma erzeugt.

Deshalb fordere ich euch alle auf, an die gewinnbringende Praxis der Schule des Reinen Landes zu glauben und dem Beispiel eures verstorbenen Meisters zu folgen, dessen Motto lautete: „Nur die aufrichtige Rezitation des Buddha-Namens“. Ich fordere euch auf, eine unnachgiebige Entschlossenheit zu entwickeln, einen kühnen Geist, und das Reine Land als das einzige Anliegen eures Lebens zu betrachten.

Chan und Reines Land scheinen für Anfänger zwei verschiedene Methoden zu sein, aber für erfahrene Praktizierende sind sie in Wirklichkeit eins. Die *huatou*-Technik in der Chan-Meditation, die dem Strom von Geburt und Tod ein Ende setzt, erfordert ebenfalls einen festgläubigen Geist, um wirksam zu sein. Wenn das *huatou* nicht fest verankert ist, wird die Chan-Praxis scheitern. Wenn der gläubige Geist stark ist und das *huatou* fest gehalten wird, wird der Praktizierende sogar beim Essen und Trinken geistlos und seine Übung wird wirksam; wenn sich die Sinnesorgane von den Sinnesdaten lösen, wird seine Errungenschaft derjenigen ähnlich sein, die ein Rezitator des Buddha-Namens erreicht, wenn diese Übung wirksam wird und wenn sich das Reine Land vor ihm manifestiert. In diesem Zustand vermischen sich Noumenon und Phänomen, Geist und Buddha sind keine Dualität und beide befinden sich im Zustand des Soseins, der absolut und frei von allen Gegensätzen und Relativitäten ist. Welchen Unterschied gibt es dann zwischen Chan und Reinem Land? Da ihr alle Anhänger der Schule des Reinen Landes seid, hoffe ich, dass ihr euch zu Lebzeiten auf den Namen des Buddha als eure Stütze verlassen und ihn wahrhaftig und aufrichtig ohne Unterbrechung rezitieren werdet.

***

Printed by Books on Demand GmbH, Norderstedt / Germany